心一堂術數古籍珍本叢刊

書名：蔣大鴻嫡傳水龍經注解 附 虛白廬藏珍本水龍經四種（四）
系列：心一堂術數古籍珍本叢刊 堪輿類 蔣徒張仲馨三元真傳系列 第二輯 190
作者：【清】蔣大鴻編訂、【清】楊臥雲、汪云吾、劉樂山註
主編、責任編輯：陳劍聰
心一堂術數古籍珍本叢刊編校小組：陳劍聰 素聞 梁松盛 鄒偉才 虛白廬主

出版：心一堂有限公司
通訊地址：香港九龍旺角彌敦道六一〇號荷李活商業中心十八樓〇五—〇六室
深港讀者服務中心·中國深圳市羅湖區立新路六號羅湖商業大廈負一層〇〇八室
電話號碼：(852)67150840
網址：publish.sunyata.cc
電郵：sunyatabook@gmail.com
網店：http://book.sunyata.cc
淘寶店地址：https://shop210782774.taobao.com
微店地址：https://weidian.com/s/1212826297
臉書：https://www.facebook.com/sunyatabook
讀者論壇：http://bbs.sunyata.cc/

版次：二零一七年七月初版
平裝：十冊不分售

定價：港幣 二千八百元正
新台幣 一萬零八百元正

國際書號：ISBN 978-988-8317-46-2

香港發行：香港聯合書刊物流有限公司
地址：香港新界大埔汀麗路36號中華商務印刷大廈3樓
電話號碼：(852)2150-2100
傳真號碼：(852)2407-3062
電郵：info@suplogistics.com.hk

台灣發行：秀威資訊科技股份有限公司
地址：台灣台北市內湖區瑞光路七十六巷六十五號一樓
電話號碼：+886-2-2796-3638
傳真號碼：+886-2-2796-1377
網絡書店：www.bodbooks.com.tw
台灣國家書店讀者服務中心：
地址：台灣台北市中山區松江路二〇九號一樓
電話號碼：+886-2-2518-0207
傳真號碼：+886-2-2518-0778
網絡書店：http://www.govbooks.com.tw

中國大陸發行 零售：深圳心一堂文化傳播有限公司
深圳地址：深圳市羅湖區立新路六號羅湖商業大廈負一層〇〇八室
電話號碼：(86)0755-82224934

心一堂微店二維碼

心一堂淘寶店二維碼

水龍經序

紫陽雪菴氏珍藏

自鴻濛開闢以來。山水爲乾坤二大神器。並雄於天壤之間。一陰一陽。一剛一柔。一流一峙。如天覆地載。日旦月暮。各司一職。後世言地之家。罔識厥理。知山之爲龍。而不知水之爲龍。即有高談水法者。莫不以山爲之體。而水爲之用。至比之兵之聽令乎將。婦之效順乎夫。于是山之名獨尊。而水之權小絀。遂使平陽水局之地。置水龍之真機。而獨會山龍之妄説。舉世昏昏。有若聾瞶。此非楊曾以來。未晰此義也。古人不云乎。行到平洋莫問龍。只看水繞是真龍。又云。平洋大地無龍虎。茫茫歸何處。東西只取水爲龍。拵着出三公其言之曉暢條達彰彰在人耳目間久矣人自不之察耳至其裁製拾法寔鮮專書發揮未備卒使學者有同面墻無徑可入推原其故豈不以山之結搆有定而水之運用無窮世人若知水龍作法盡大地山河隨所指顧咸可握神機參造化故引而不發為天地惜此秘奧耳高高在上哀此下民亦欲使千古不傳之緒宣露一時假階下愚發抒要妙為後此通人彥士執轡前驅乃因無極之傳盡泄楊公之訣于是階乃蕩然大闢其旨以山龍屬高山以水龍屬平壤二法判分不憚大聲疾呼以正告天下有識之士閒亦信之從來迷謬茲為洞豁階竊自喜其遭逢之大幸恐

冒陰陽之從〇何敢貪天之功〇以為已力也〇始閤初得師傳時〇已知有水龍之法矣〇而求之古今〇誠茫茫無據〇及得幕講禪師、玉鏡正經〇千里眼諸書〇而後入穴玄機〇若合符節〇未幾又得水龍經若干篇〇乃歎平洋龍法〇未嘗無書〇但先賢珍重〇不浪泄于世爾〇因無刊本〇間有字句之訛〇用加較讐〇詮次成書〇編成五卷〇一卷明行龍結穴大體〇支幹相乘之法〇二卷明五星正變穴體吉凶審辨之法〇三卷述水龍上應星垣諸天格〇四卷指水龍托物比類之象〇五卷義同二卷而縱橫言之〇一二四卷得之吳天柱先生〇三卷得之乍浦於宦家〇五卷最得後之我郡〇夫是五者〇或有作者姓名〇或失其姓名其言各擅精義互見得失合而觀之則水龍軌度無餘蘊矣以此水龍為之體而后施之以三元九宮乘氣作用辟之大匠水龍者楩楠杞梓而三元九宮其方圓繩墨也辟之丹家水龍者鼎罏藥物而三元九宮其卦爻火候也名材未掄公輸無所施其巧鉛汞不備伯陽無以運其神故天元心法亦云至矣而是書又曷可少乎經之為名不可漫加即其舊名因而不革實可藏之金匱石室與青囊狐首並垂不朽後之學者苟非有過人之福天牖其衷未獲覩此書也已峕天啓癸卯後學杜陵蔣平階大鴻氏題于丹陽之水精菴

水龍經卷之一揔論

此卷專明水龍支幹之理蓋以通流大水為行龍而謂之幹以溝渠小水為劃界而謂之支穴法取支不取幹猶之高山起祖重岩疊嶂之中反無真結而老龍發出嫩枝始有結作也篇中主意嘗以幹龍繞抱取于氣形局形以支龍正息交會取內氣孕育其子水龍之理論之特為美備蓋大江大河雖有灣抱其氣渺曠興墓宅不親斷難下手須于其傍另有支水作元辰繞抱成胎則元氣內生并大水之氣脉皆收攬而無餘斯大地矣予觀舊家名塚枝川小幹首尾通流其形曲折竟于轉處下龍腹穴全無內堂界水

亦得大發其小枝盡處或一水單纏或雙流界抱深藏婉麗紆秀
種靈世家大族所在都有不必盡論外局其福力已不可限量以
予此書所論不可盡拘然小幹無支其局雖大必須久而後應終
難驟發支龍無幹其效雖捷而氣盡易衰不能綿遠究不若支幹
相扶之地可希求旦夕之功而亦可期代興之澤也然則此書之
義其可廢而不察歟其所重在特朝之水迎秀立穴斯雖正論然
必欲其逆入朝逆猶是一偏之論蓋水龍妙用只在流神曲秀生
動化機自呈前後左右無往不宜順逆去來隨方協應以予所見
尤以坐向首尾為駕馭有權或左或右未免偏于公位耳若湖蕩

龍法此書皆取衆砂環聚益即倣山龍圖式眠倒星辰之說也果
如所畫局法固大然予徧觀吳楚之間三江五湖巨浸多矣欲合
此等圖式百無一遇今在此說會意云尔必欲按圖索驥求此等
之地而葬之誠于愚矣要之湖蕩之脉亦當深明支幹益大蕩即
名大幹必須其傍又求支水立穴而後發福可期若单取大蕩陽
宅尚有歸収陰墓必難乘接其借外砂包護亦即支幹之法而究
用之者也至于水龍作用全在八卦三元江湖河蕩其節一也不
精此義縱得合格大地未免求福而反受其禍則又乾坤之秘要
聖哲之心傳而非作此書者所能知也此書作者不著姓名大約

近代人手筆其每篇立論未免尚存流俗之見予真傳正訣猶隔一山予以支幹之說為水龍畚卷第一義故節取其畚列之卷首若一一泥于其說則于奠定之際反致河漢學者尤貴于善說書也

大鴻氏記

秘傳水龍經卷之一

杜陵蔣平階大鴻氏輯

氣機妙運論

太始惟一氣耳究其所先莫先乎水〻中澤濁積而為土水土震盪水落土出遂成山川是以山川有波浪之勢焉經云氣者水之母水者氣之子氣行則水隨水止則氣止子母仝情水氣相逐猶影之隨形也夫氣一也溢于地外而有迹者為水行于地中而無形者為氣水其表也氣其裏也表裏仝導內外仝流此造化必然之妙用故欲知地中之氣趨東趨西即其水之或去或來可以概

知之矣若觀氣機之運者觀諸水川上之嘆亦可以觀宣聖見道之情矣然龍行必有水輔氣止必有水界輔行龍者既在乎水故察其水之所來足以知龍氣發源之始止龍氣者亦在乎水故察其水之所交足以知龍氣融聚之處故經曰界水則止又曰外氣橫行內氣止生旨哉斯言欲然天地之氣陰與陽而已易曰一陰一陽之謂道又曰陰陽互藏其宅動靜互為其根陰陽相禪萬物化醇郭子有云獨陽不長獨陰不成陰陽合德而生成之功備故山脈之峙水脈之流各有陰陽水者陽也山者陰也二者交互不可須臾離也地脈之行藉水以導之地脈之住藉水以止之既能

導其行又能止其止者何也蓋外氣與內氣相合二氣相盪而成物猶夫婦交姤而成生育之功也陽為雄陰為雌陽以蓄陰陰以含陽即雌雄相會牝牡交姤之情也故曰陰陽相見福祿永貞沖陽和陰萬物化生此天地自然之化機也合而言之混沌之體即萬物統體一太極之妙用分而言之隨物付物又為物各具一太極之玄奧也知太極之理則可以語化機之妙知化機之妙則可以語形象之學矣

自然水法形歌

水法㝡多難盡述略舉大綱繹遠惑世傳卦例千數家彼吉此凶

行不得自然水法君切記無非屈曲有清意来不欲冲去不直横
不欲反斜不急横須繞抱及灣環来則之玄去屈曲澄清停蓄甚
爲佳傾瀉急流何有益八字分開男女滛川流三派業歆傾急瀉
急流財不聚直来直去損人丁左射長男必遭殃右射幼子受灾
迍若還水從心中射中房之子命難長掃脚蕩城子息少冲心射
脇孤寡夫反跳人離及退財捲簾填房興入贅澄清出人多俊秀
汚濁生子多愚鈍大江洋朝曰萬頃暗供爵祿食五鼎池湖凝聚
卿相職大江洋朝貴無敵飄飄斜出是桃花（一云犯流霞）男女貪滛揔
破家又生出人好遊蕩終朝歌唱逞奢華屈曲流来秀水朝定然

金榜有名標此言去流無妨碍財豐亦至官豪邁水法不构去与
来但要屈曲去復迴三迴五度得顧穴悠ㄟ眷戀不忍别何用九
星并八卦生旺死絶皆虚説述此一篇真口訣讀者胸中皆透徹
免惑時師卦例言禍無福有須當别

幹水城垣格

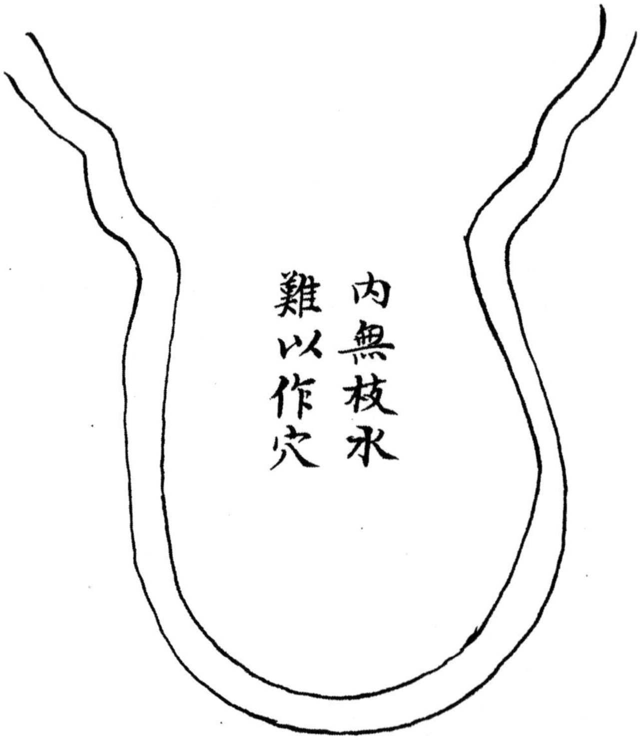

大河大江或從東南來或從西南來中間雖有屈曲處並不見回頭環繞十里二十里滔滔而來如鴈之飛畧無回頭之勢中間雖有屈曲決不結穴直至回繞環轉之處如鴈之將止則不必回翔而後歇泊也至此方是龍脉止聚之處經云界水則止又云界水所以止來龍若一二十里尚不見水回頭則前之屈曲處乃行龍處也書云龍落平洋如展席一片茫茫難捉摸平洋只以水為龍水纏便是龍身泊故凡尋龍須看來水迴繞處求之然水之來路遠其勢寬大中間雖有小回頭處乃真龍束氣結咽之處決不結穴直至大纏大回之處方始聚氣然到頭形勢寬大又難捉摸必

須求支水界割何如得支水棟腹界出內堂砂水包裹不踈不容
形局完固方為真穴若非支水界割則大水雖環繞終是蕩蕩無
以指點葢勢寬則氣蕩形大則氣散內無支水交衿一片禎皮何
以立穴雖無大害必不發福矣

幹水散氣格

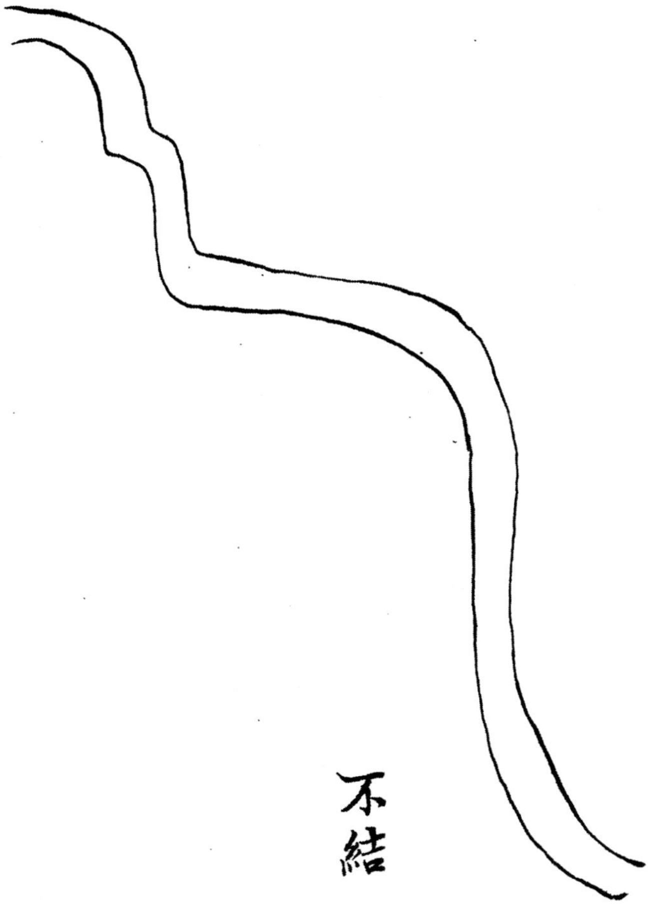

不結

此局斡水斜行似曲折而非環抱又無枝水以作內氣揔不結穴
矣

枝水交界格

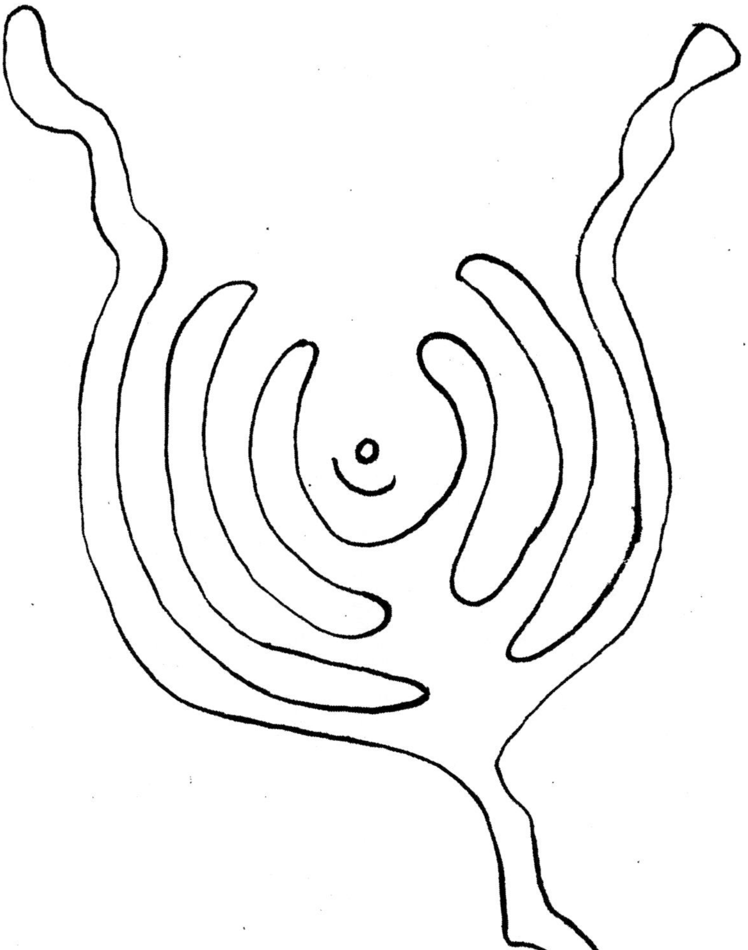

右前一枝大江自右倒左右後一枝大江亦自右趋左與前倒左水合流屈曲而去此正兩水合流一水引脉之局又云兩水合出是真龍〻後右来穴倚左局中龍脉寛大却要尋枝水挿腹割界作内局龍身前後左右朝抱包裹周密方可立穴此局于腹中挿入小水分界左右重〻交鎖三分三合束氣結咽龍脉到頭貞浄端嚴形勢極秀横来横受向前面砂水彎抱處立穴以迎曲来水其福力甚大

支水交界格

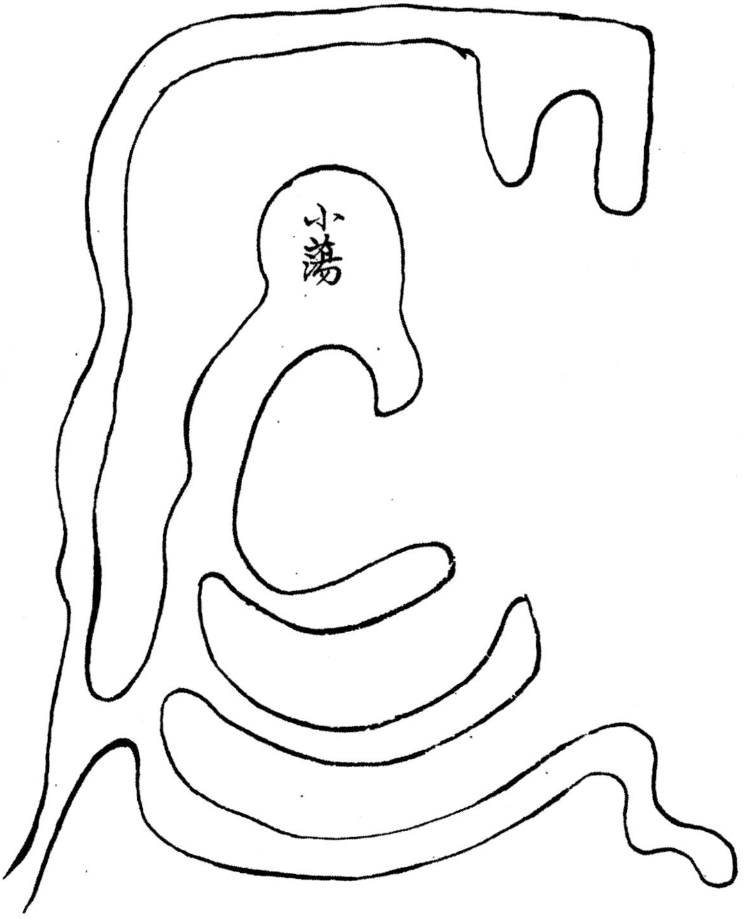

此勢受水只從後面右来繞玄武不回頭即于左邊局後屈曲而去于後大水去處揀一枝水上左向前灣弓抱過右邊即收作外包裹又于左之右又揀一枝水上前分作兩股一股向局後過右界出龍脉一脉向局前聚水成池其砂水隻〻回頭于左側此穴横来側結穴也前有小蕩作聚水堂宜對小蕩正受穴主科甲發貴蓋玄武水雖不顧穴却于左邊局後而去乃真氣也

枝水交影格

西南水夾送合東南來水出東北却于東北橫一枝水分界于左右作龍虎砂橫夾于前後中間揀一枝水橫界于前左右有金魚水際拱于兩間作橫水正受而來水護衛周密三分三合到頭上氣完固如斯經云水要有分合有合氣方合今此局三分三合而轉直向南委曲活動畧無硬直之殺主富貴全美若東南屈曲而來穴中望之如在目前其秀尤佳文翰聲名可甲天下也

支水交界格

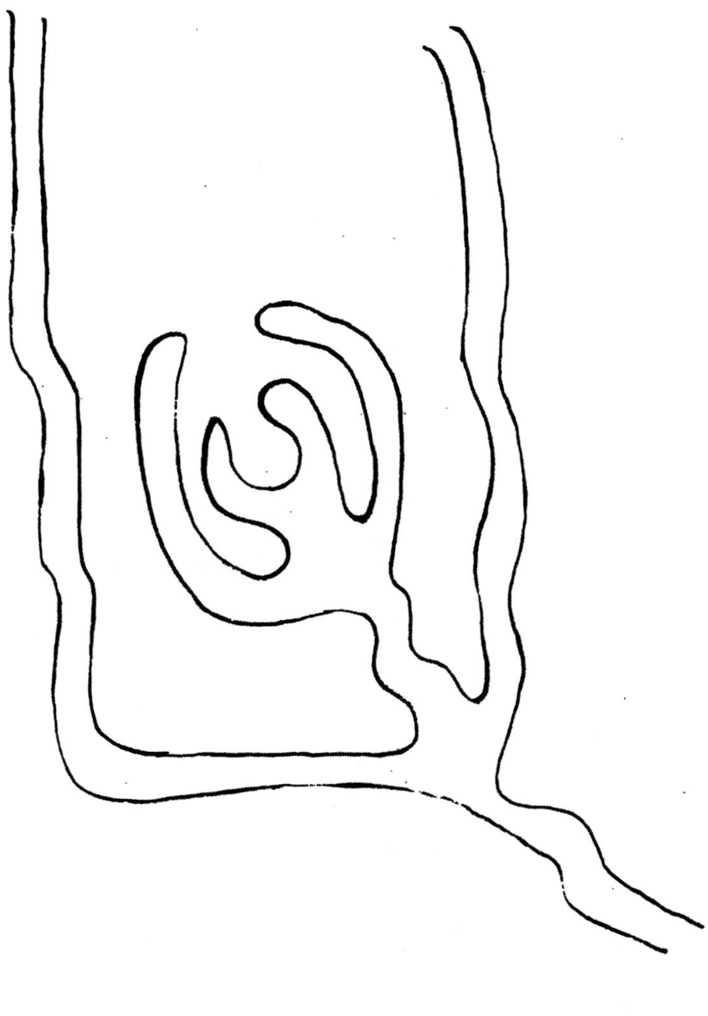

坐下或從東北或從西北棟一枝水上南屈曲一路向左而棟上
一路向右而棟上割界左右龍虎交鎖及抱于坐下成龍虎交抱
勢倒頭成仙人仰掌結仰窩穴近來脉立穴取向作回受穴順水
立穴取向為順枝得龍虎砂朝抱于前其秀迯遠此二法俱可但
看前後朝應何如〻前有遠朝曲水可迎立向受穴如後有曲水
遠朝或遠山呈秀作順枝穴此勢雖纏玄武灣抱如弓並無分泄
城郭完固局勢周密主百子千孫朱紫滿門若東北或西北一路
水分泄而去其力量便輕矣

曲水朝堂格

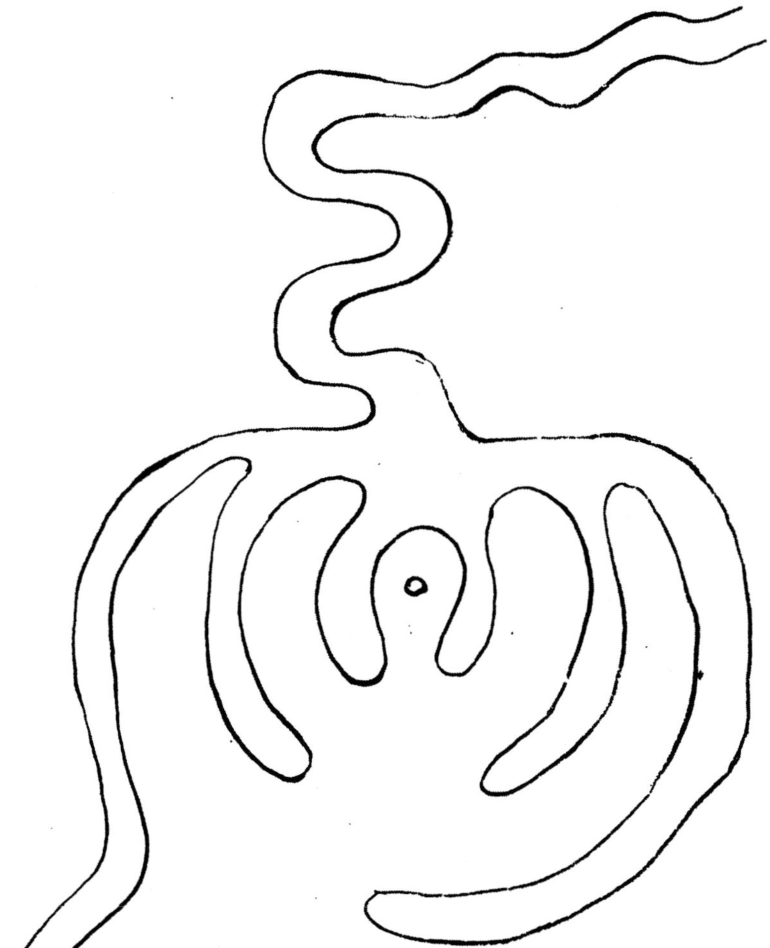

穴前曲水不問三曲五曲周扎整前自右過東就身回抱而去却于曲水後分枝割界作重〻龍虎分列在左右隻〻回頭朝顧如拜如揖穴後枝水分合三關四峡重〻結咽束氣攏收得此形勢極為周密秀水完固來水屈曲呈秀來脉尊貴端嚴左右重〻衛護主有百子千孫世出魁元神童宰相若穴前含蓄聚水富堪敵國若水係左來子穴前屈曲而去其福力不減但為官清貴無財清白傳家

曲水朝堂格

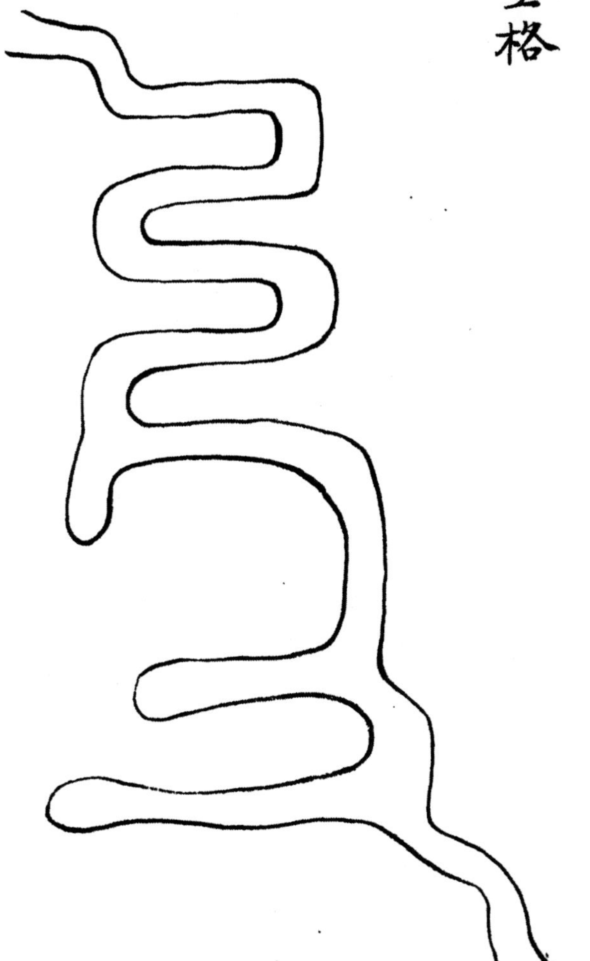

凡見曲水當面朝来橫過穴前須得就身回抱屈曲而去坐下要枝水割界兜收龍脉或一重二重三重叠〻遶于穴前後方成體勢其穴前橫界深水不冝太濶太濶則氣蕩大不冝太狹太狹則氣促而前朝水前射恐破氣傷洩此地曲水一路单纒兜收脉氣凝聚大能發福但坐下無亥武水大江遠護乃是行龍腰結非盡龍也其力量比两水合出稍輕若得去水在亥武後回頭從坐下包聚而去更自不全

曲水朝堂格

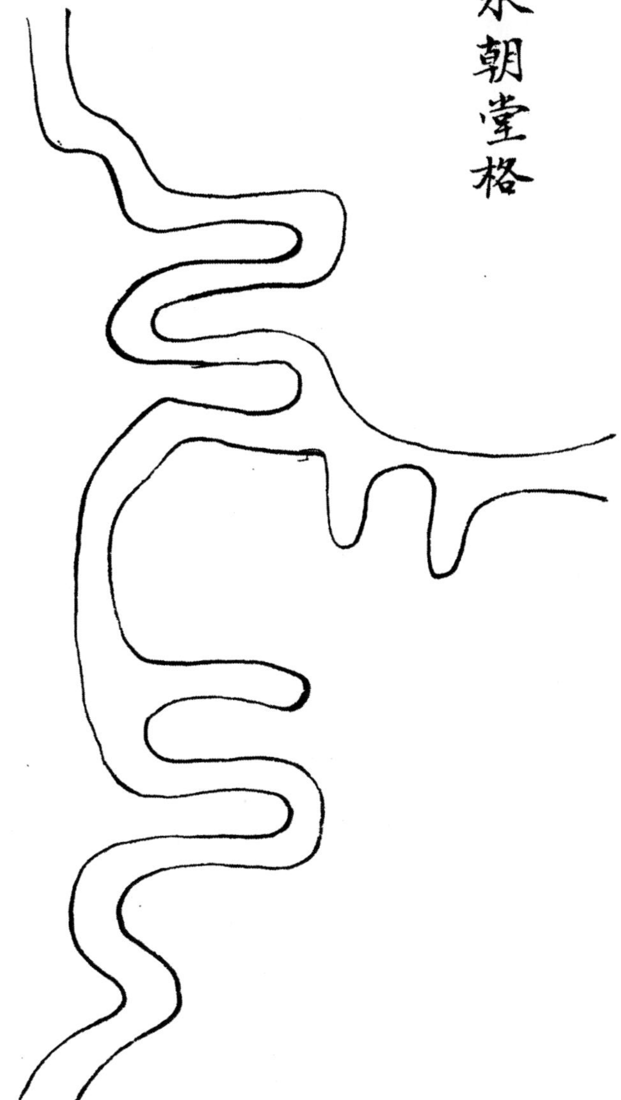

穴前秀水當面朝来與右来横水合流倒左就身回抱繞玄武却

回頭望東北而流水来則屈曲去則頓家更得右水交會此與一

水單纏殊覺差勝水交砂會龍盡氣鍾大地也人丁繁盛富貴相

仍凡右水倒龍灌堂則前秀水不得過堂而長房發遲須得右邊

灌堂使曲水滗右倒左則長房與二小房並發若右水是穴前曲

水分泄而去則小房不發矣后主遷移過繼或易姓離鄉也

曲水朝堂格

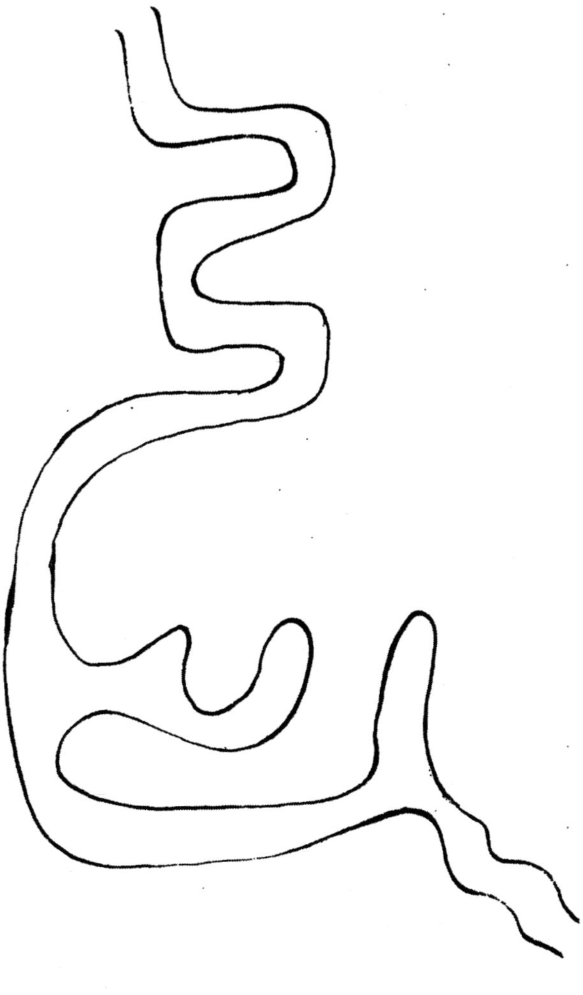

此勢与前曲水到堂繞青龍纏玄武法合前局周密緊促此勢左来就身夾下稍長而寬龍脉趨歸玄武秀水在前欲就曲水立穴則氣聚在後而脫氣欲立穴就氣聚處則曲水遠而乘受不及如此形勢中間必有枝水横腹兜収其氣于中局使前不脫曲水復不脫龍氣前親後倚方能發福而主文翰之貴先發長房後發中小房更得去水之玄則力量悠久矣

曲水朝堂格

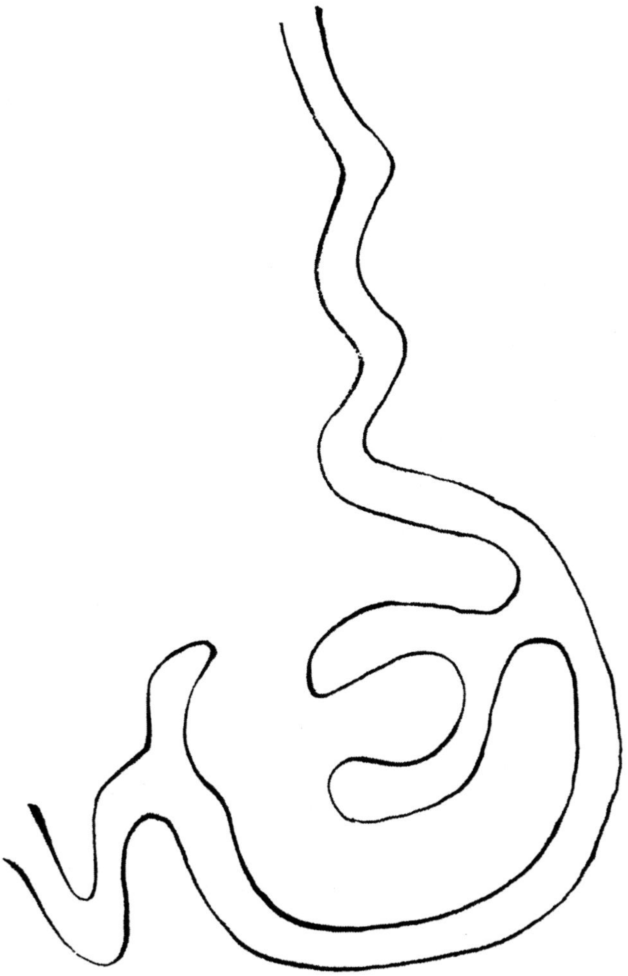

或從左來屈曲到堂或從右倒就身環抱遶玄武而去或從右來
屈曲到堂從左倒就身環抱繞玄武而去其曲處須要如玄字樣
或如之字樣不懈不踈整肅周匝至穴前却如灣字就身透轉包
承于穴后得此形勢甚佳若形勢寬大中間須得枝水界得脉絡
清奇若局勢周密雖無枝水割界亦可立穴

曲水朝堂格

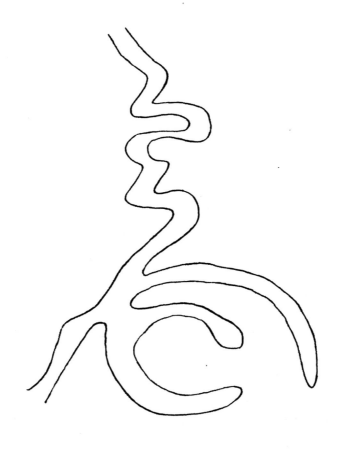

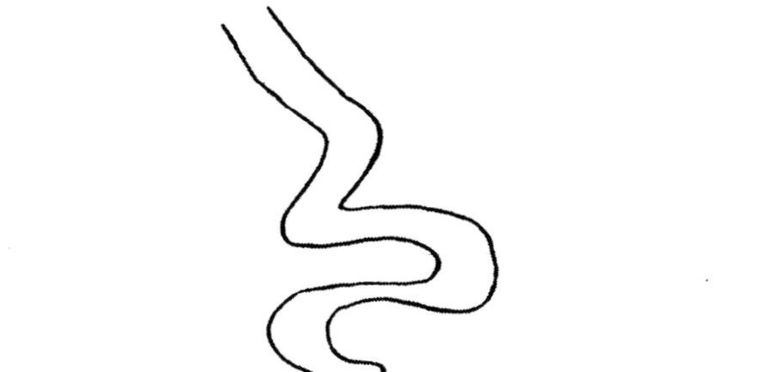

凡曲水朝堂須要摺〻整齊厚薄相等不宜東洩西竄如風擺柳條如風偃草或葢過穴或不葢過穴叅差錯亂者雖見屈曲無足取也垣局劃界結咽内氣合局亦能發福秀但主子孫飄蕩淫逸愛歌舞輕狂癈業若得進局一二摺水朝抱有情亦主初年穩發行至搖動擺跌處不免退敗之憂矣

曲水单纏格

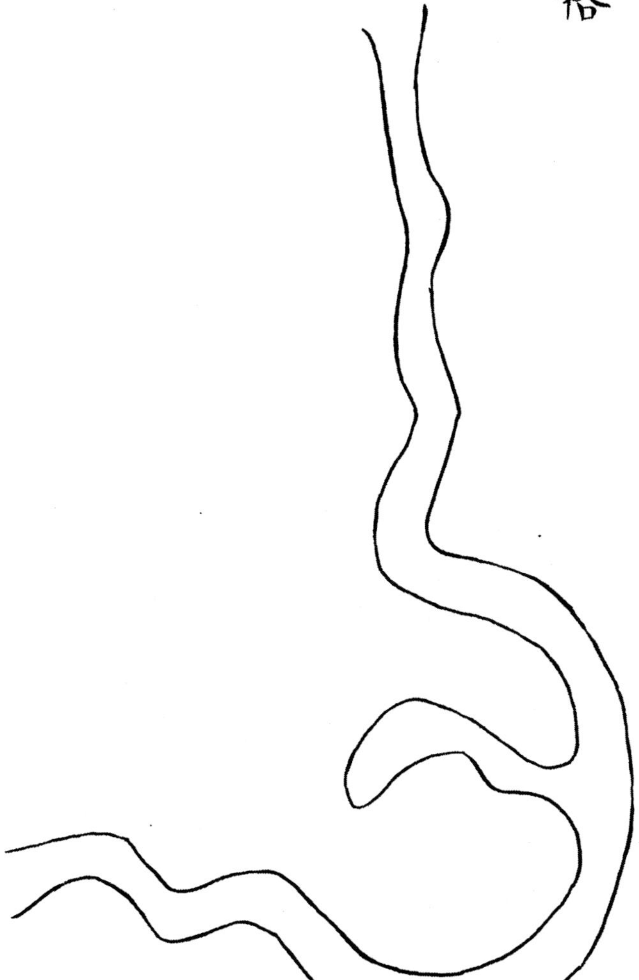

凡曲水朝堂須得三横四摺如之如玄摺〻包過穴塲其轉摺處不至沖射若来水雖見屈曲東牽西拽固不可用若曲形如纒索穴前雖見灣抱而前面一路殊非秀麗亦不為吉如此形體局中雖割成勢而穴之終難發福不冲不破僅可小康若有冲擊或左右前後畧見分洩必主破壞矣遠水如草之字或如展索而穴前灣抱益得穴過望之不見前面冲射亦主三四十年發福及水步行至之日即衰退矣不可不細辨此圖外局既全内氣復固爵尊福厚丁旺力長美不可言

曲水单纏格

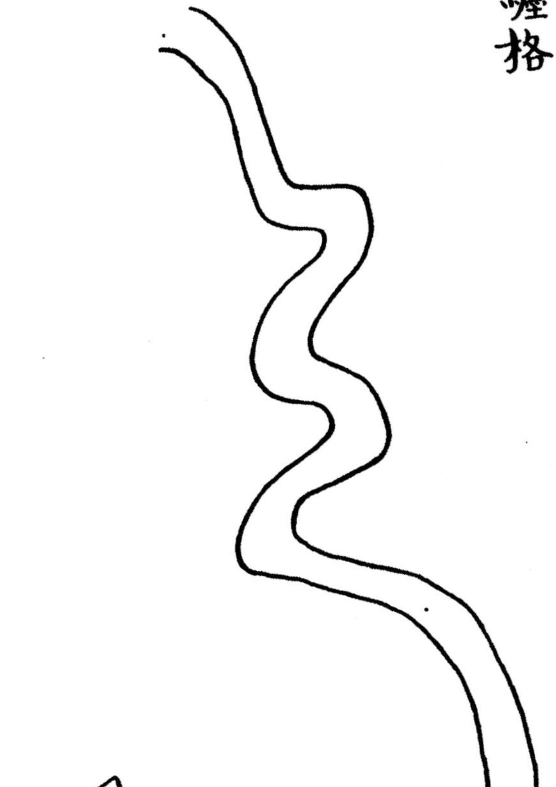

一水单纏只要屈曲有情或從東南来或西南来揖〻調匀不牵不浅不踈不密三曲四曲厚薄同情未即結穴直至廻翔灣遠如滿月之勢方能成就体面其去水亦要回頭顧家所謂洋〻悠〻顧我欲留是来要之玄要屈曲然屈曲去處最怕如繩索樣曲不遠即反背走跳亦不結也此水從東南来三五指到局穿前抱如滿月前面不厚不踈而獨到頭一曲獨厚而圓淨此水星曲池穴也淂去水多局不向西北而向東北者真

曲水单纏格

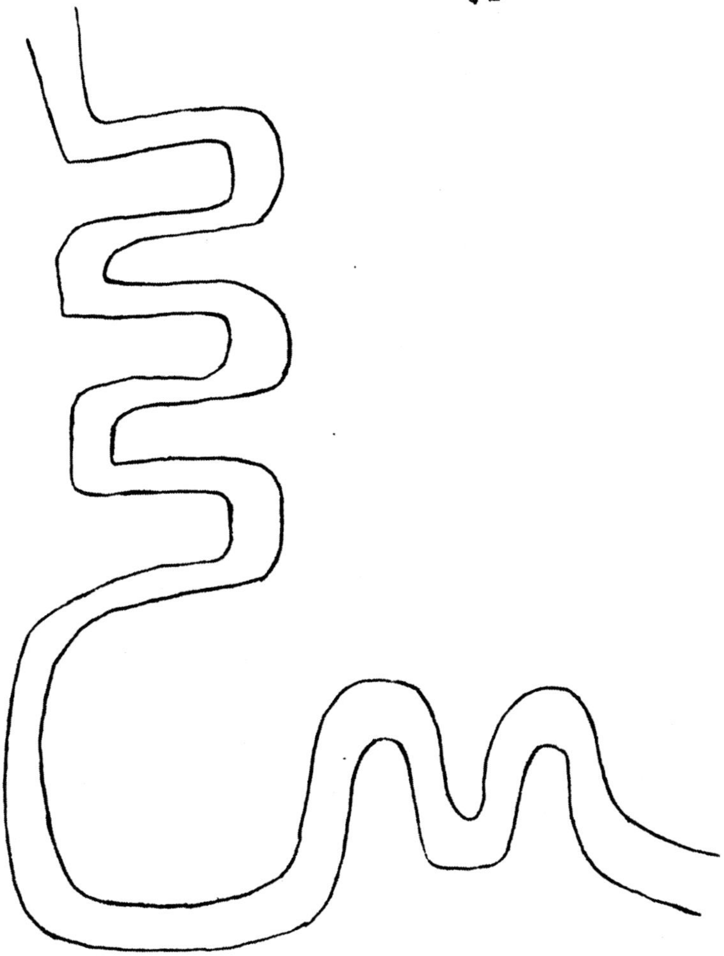

三橫九曲當面朝堂不蹂不窑不牵不洩曲〻整肅繞青龍纏白虎回頭顧家屈曲而去中間並無枝水橫界左右兜乘真氣于中此穴名水星曲池穴〻前曲水端肅皆宜正受望曲水立向此名曲水朝堂纏青龍繞玄武前後左右騣抱拱秀乃大地也賦云為官清貴多因水繞青龍發福悠長定是水纏玄武更兼水曲朝堂水去回頭水法中之最吉者凡曲池不宜太寬〻則氣恐蕩歸玄武穴難向前受正必有脱氣失脉之患若見寬大必得枝水兜架方妙此勢主出狀元宰相文論滿朝三房並秀百子千孫富貴

曲水単纏格

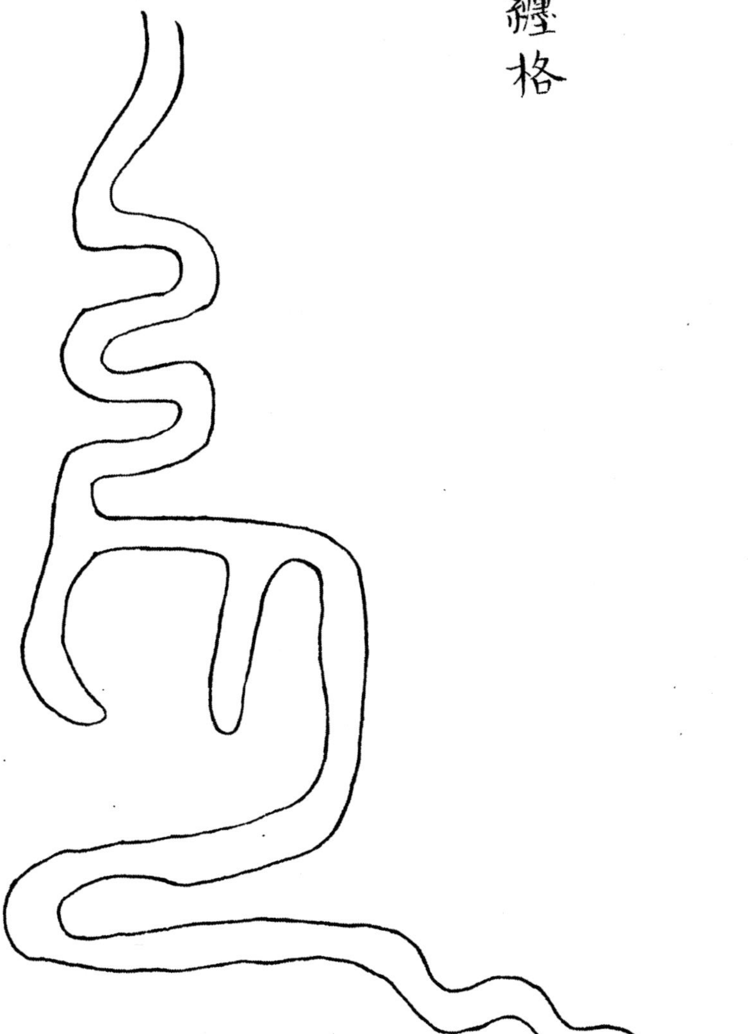

凡一水单纏局内不宜太寬〻則氣不歸聚亦不宜太狹太狹則氣不運化生氣急廹若局勢太寬必須左右或前後有枝水兜乘不使生氣蕩散方妙蕩左兜左蕩後兜後又得玄武水遶過穴後上下包褁則秀氣完固局勢周密得此形勢必大發福若此勢曲水當面朝堂從左到右繞白虎纏玄武却回頭復從玄武而去局内左右金魚夾界其氣凝聚是為真穴一水单纏乃為遊龍戲水

曲水单纏格

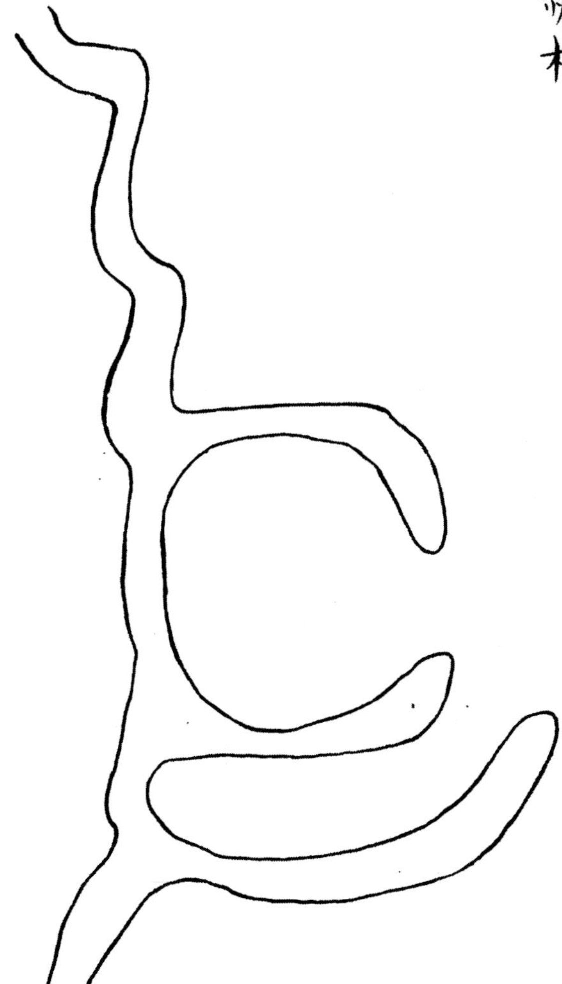

凡是曲水左来朝堂不踈不密不洩不側揖揖齊整者宜從曲水

至處立穴穴前一水横迎曲水合流者須得小枝水横界于後方

能收曲水之秀

兩水交纏格

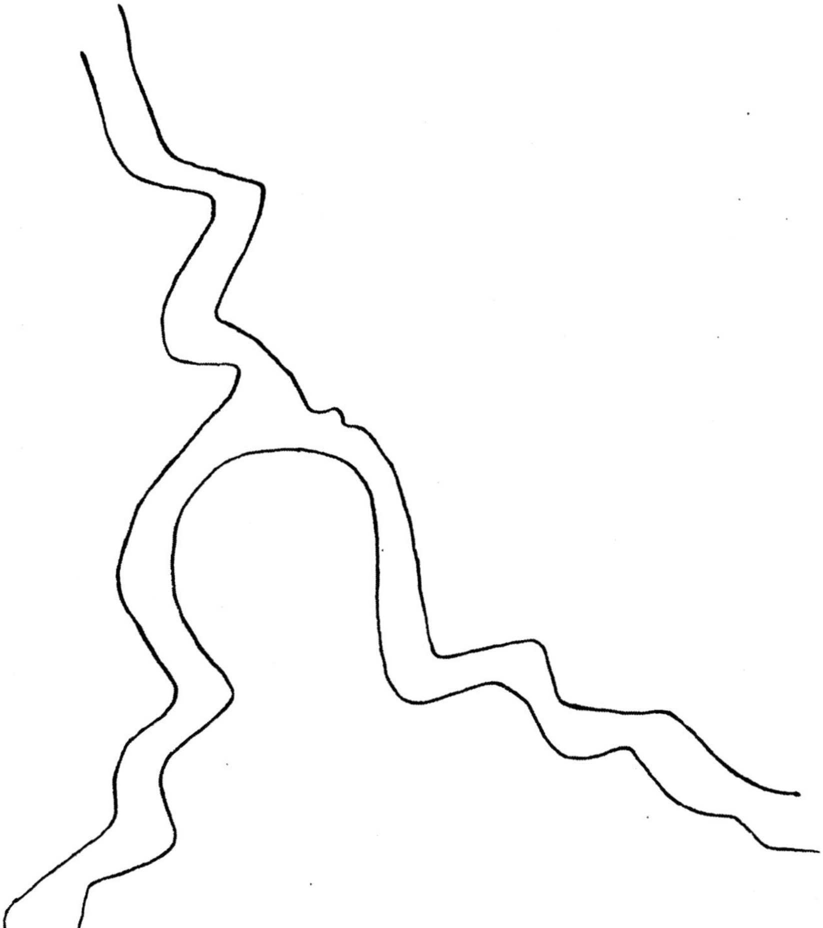

兩水夾纏合流而出來見之玄去見屈曲局内緊抱不寬不蕩不必枝水界割成形只要中間界割束腰收氣則穴法自完固矣而水合出前面三五摺屈曲整肅當面曲水立向雖是順水而不至于直流直去則点不嬾于順局也龍氣盡鍾而更得外堂曲水有情明堂内砂如織女抛梭節節兜乗則水雖去而氣自固也主發文翰清貴仕而兑資若局内寬大更得枝水兜揷成局又得水漪更得回頭砂包裹穴場点能發財貴而又富

水纏玄武格

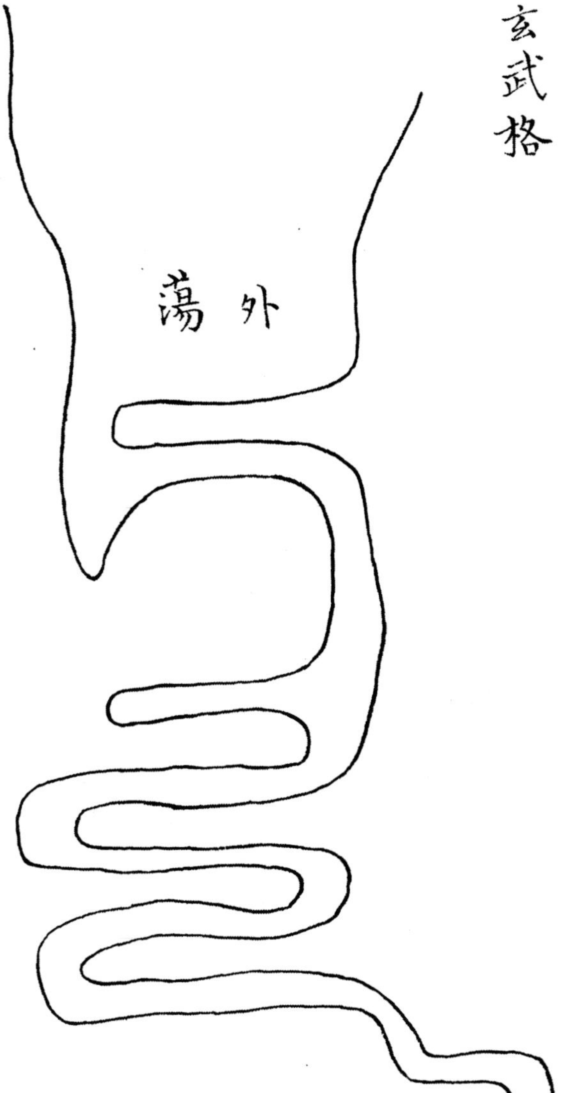

局前大水聚于明堂從東南橫架過右抱身纏繞于玄武三曲四曲而去砂水反關于坐下其本在穴後法當向曲水立向然前有曲水明堂流神自南而繞亦可就水處立向富貴雨美但聚外在前秀水在後先富後貴若來水自北而南福力尤重代出魁元只要曲水包裹整齊若有牽拽便不發秀矣左纏發長右纏發小中房福力悠長大旺人丁

水纏玄武格

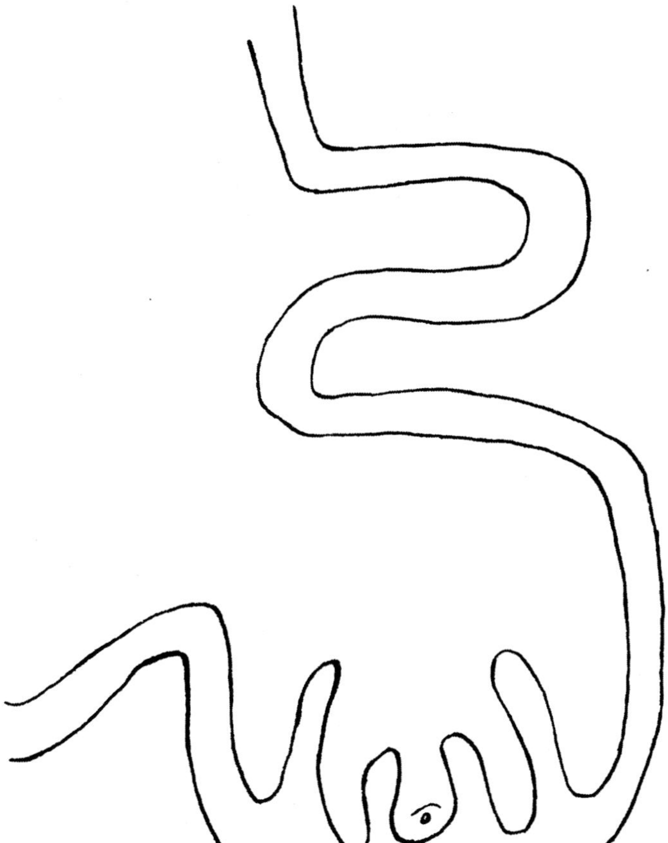

前有曲水三四摺長々朝来就身摚抱局後纏身玄武而去入路
渇結咽處束氣緊容發福悠長富貴双羡人丁蕃盛雖二三百年
不衰

順水界抱格

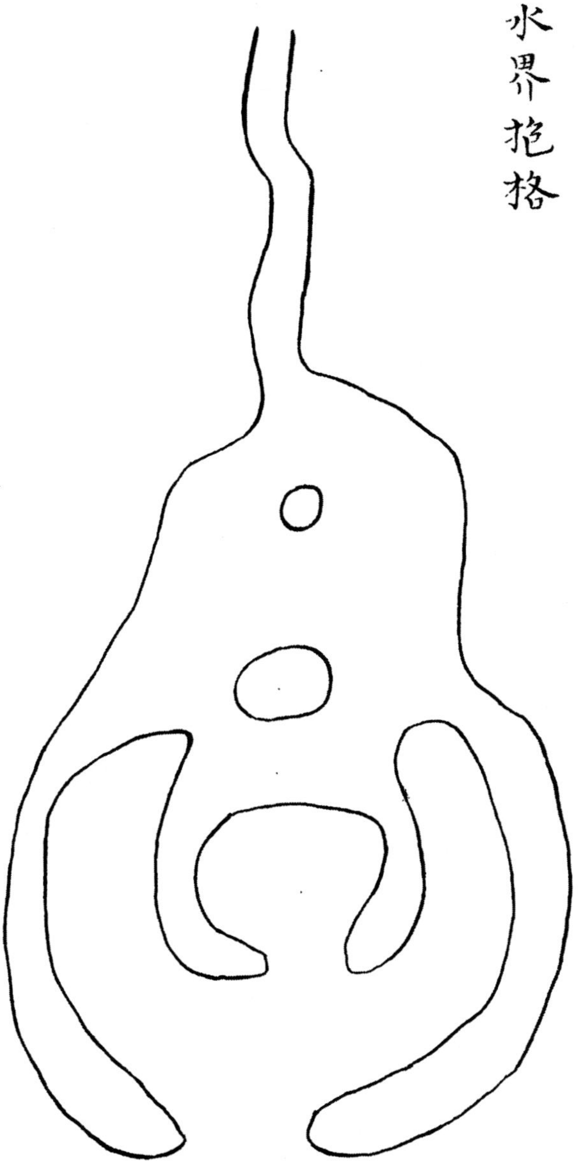

一片大砂周圍曲水團聚中間却揷一枝水屈曲直至大砂中腹或分作兩路割界于左右裁成龍虎砂際大于穴外穴前蓄成一河蕩或五六畝或數畝涵聚于穴前雖元辰向穴前出去然渴屈曲如之玄不見直流又渴聚蓄不洩則其形勢尤佳不可以元辰水直出而棄之也亦主發福一二紀財祿亦不甚厚人丁雖盛而不齊小貴而已河蕩中得一砂葢過不見前水出去乃為可貴如无小砂葢過三四十年便見退敗

水纏玄武格

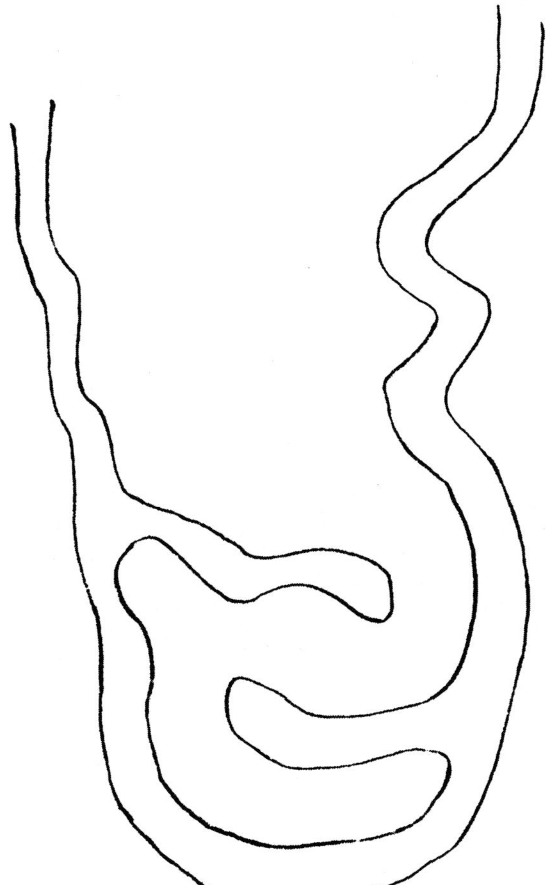

曲水當面朝来不厚不薄揖揖整齊或左右就身環抱從玄武纏回而去此勢極秀若貪抱緊夾不寬不狹法當湊前曲水中立穴若就身環抱寬大深長則湊前立穴恐真氣劫洩于後雖得親就曲水而失氣脱穴亦不發福即當于曲水後求枝水兜挿在于何處若兜挿中間法宜立中穴兜挿于后面玄武前宜立穴坐玄武水作回受穴只要穴前望望得曲水雖遠如在目前乃妙如局内别無枝水挿界須以人力為之無使真氣劫洩脱氣但要迎受得秀水着耳経云曲水朝堂秀而可穴纏護緊密湊迎迎扦若還寬大發福必遲

水纏玄武格

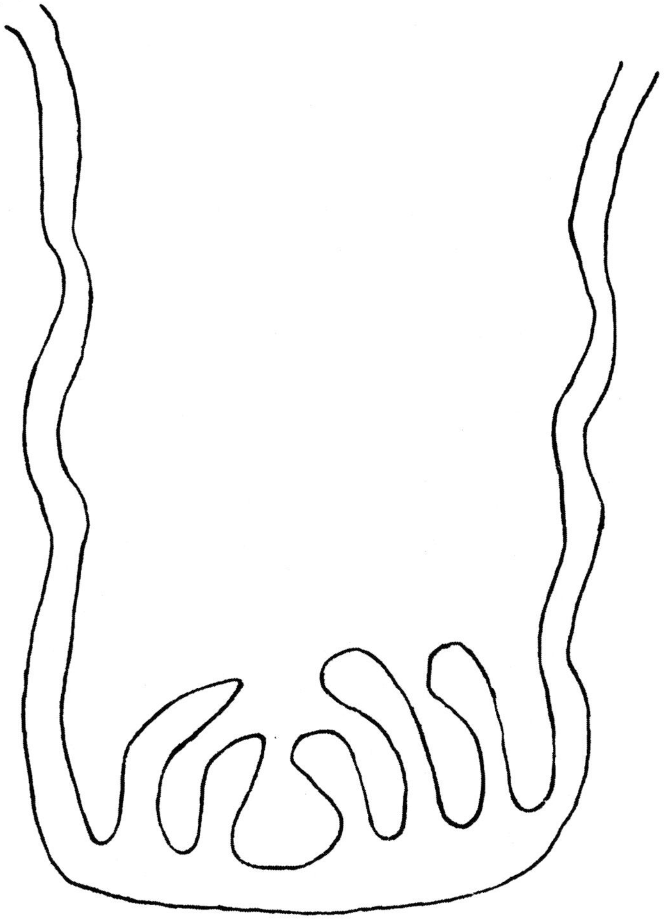

凡面受穴多是水纏玄武俗師云坐空割背者妄也只要夫源流水從東向西左右得枝水插腹重重色累割界結咽與夫分合清奇其福力爲大若從右邊來繞玄武出東南去北繞青龍者稍輕以水向東流者常也嫌于順水若從西南向北轉繞向南而出東龍穴向朝西得水繞玄武其福力與繞青龍纏玄武相仝以逆勢也百子千孫富貴三百年不衰前有朝陽邀倖其秀尤美朱紫滿堂凡玄武水纏須得數百步之外便灣抱拱夾仰斫而去方顯正格若面前滔滔橫架而去不見回頭此穴不可以水纏玄武論也水纏者遠也迴遶灣抱之謂也

順水界抱格

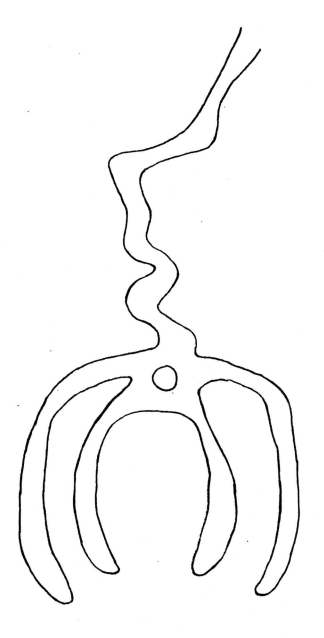

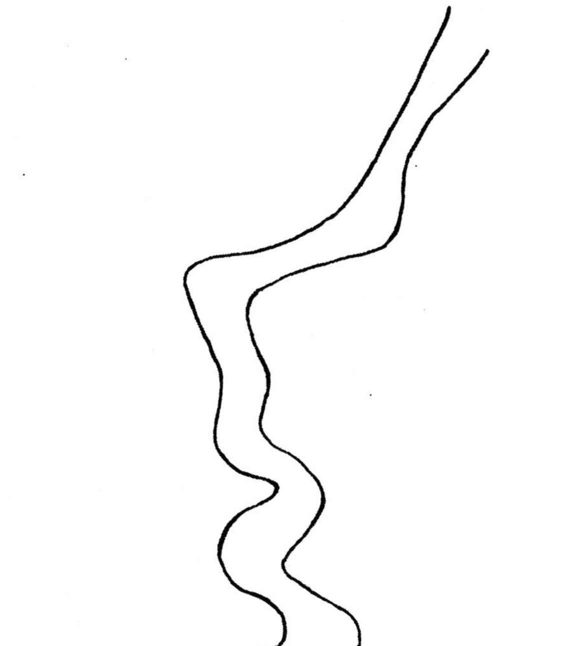

此勢與前局全但無蓄聚水涵于穴前若明堂無聚水却得前面枝水到堂三四摺如織女抛梭東西包裹砂頭隻隻抱護雖無蓄水因其曲秀反主發貴丁財亦盛

順水曲鈎格

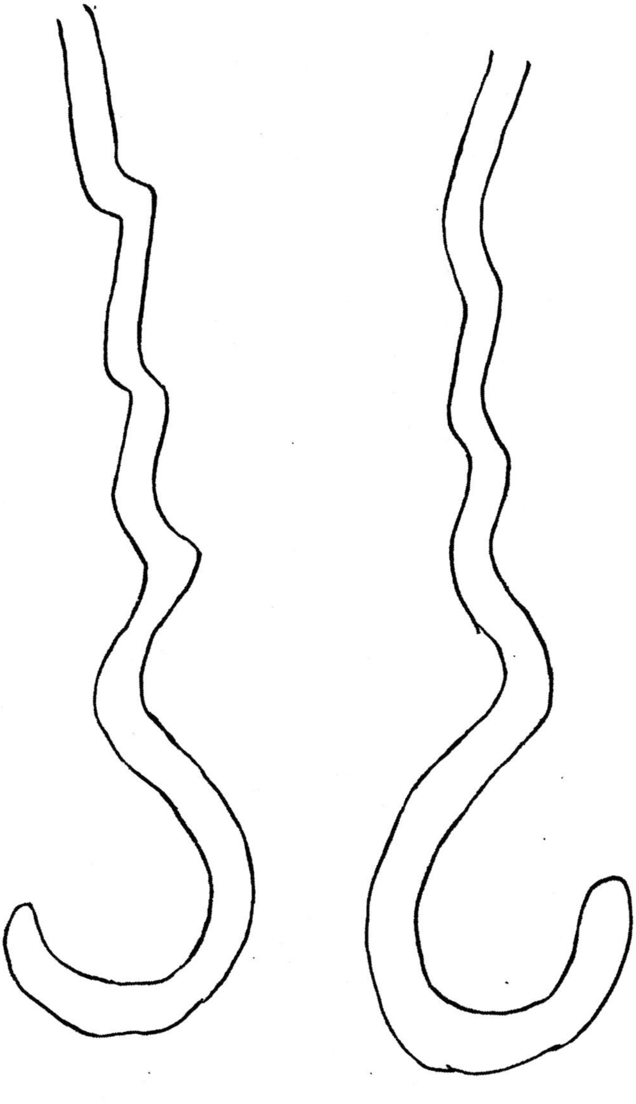

曲水垂勾有兩勢有曲水攅來到頭却于盡處作仰勾如勾有曲水直來到頭却于盡處作抱水勾勢此二勢俱可立穴但要水来曲屈不踈不密不牽不拽揖揖整肅或迎曲水来處立向或張曲水作朝或垂勾盡處立穴主少年魁元奕世貴顯文章名世鼎盛一時

曲水倒勾格

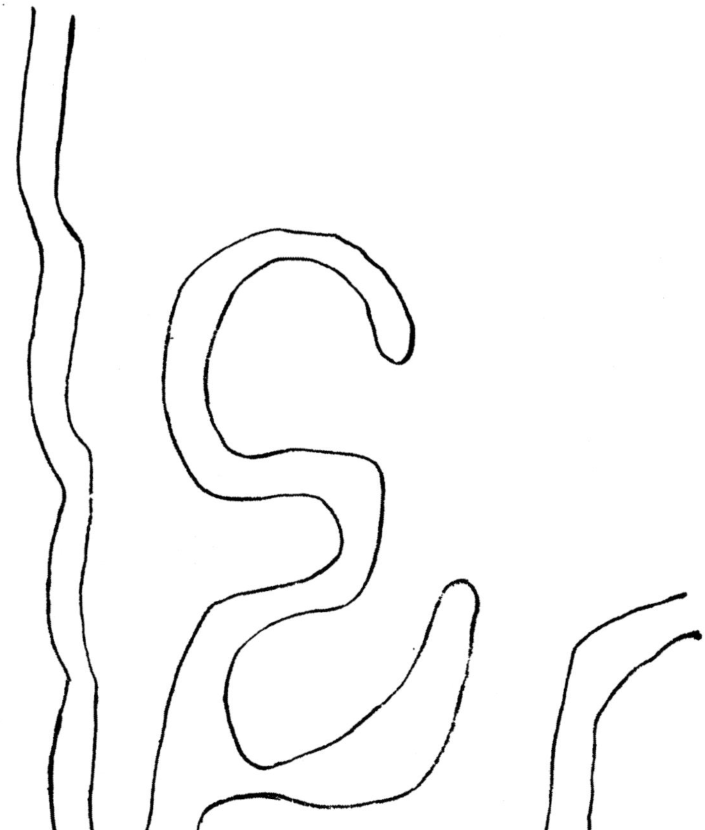

青龍有水屈曲就身抱纏玄武回頭顧家而去此繞青龍纏玄武勢也却于玄武揷一枝水摺直至腹中作一抱水勾形穴之亦能發福穴前雖無吉秀砂水朝應而水脉自坐穴後来氣脉完足丁財極盛貴而悠久亦佳格也

斬氣迎朝格

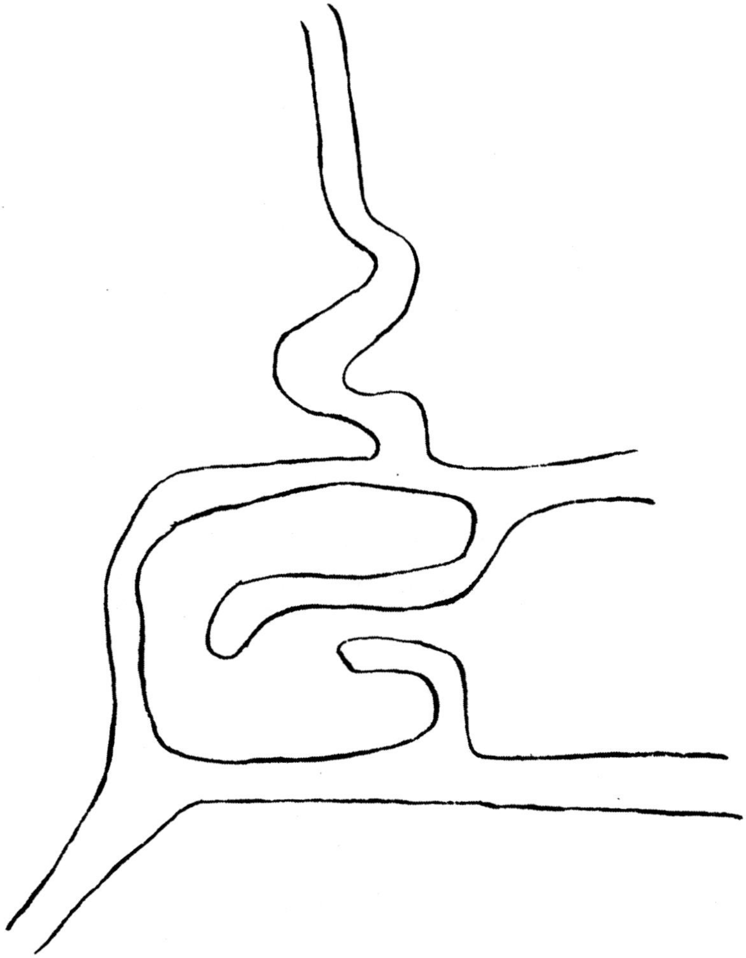

大江大河于前或有大江遠〻屈曲而來與大江橫架水交會其交會之處並無枝水收受蕩散龍脉似難立穴却于數百步之後又有一水橫界中間有枝水插進腹中如勾如仰掌或勾左或勾右與曲水登對雖遠數百步望之如在目前即于此處斬脉立穴以迎前朝曲水之秀名斬氣迎朝穴点主發福發二三代福力但不悠久耳以龍脉未盡故也若得左右夾界重密玄武水仰抱如弓福力必大且久也因朝遠而不就故發應遲數十年後方發〻則暴而盛以大江勢大故也

斬氣迎朝格

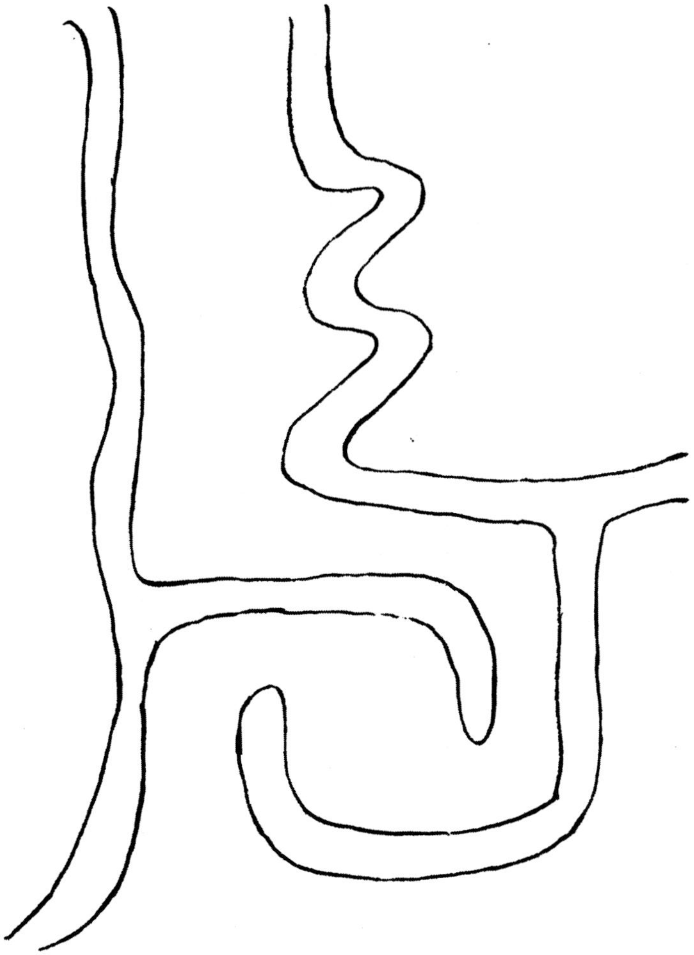

曲水遠來到結局竟橫架而不見回頭砟砟此本入懷反跳之勢理宅可取然曲水三橫四曲摺摺整齊不牽不拽斜竄其形勢秀而可愛若得有枝水揷入秀水之後灣抱如勾水局又得枝水揷入于後仰兜如勾其龍脉雖未止歇却于交鈕處斬氣立穴仰乘曲水之秀亦能發福曲水近在目前只發二三十年遠在百步之外三四十年始發然終是曲水反跳不得歸元就身富不過萬金貴不過三品兩代即衰入籍他州亦出魁元

遠朝偉秀格

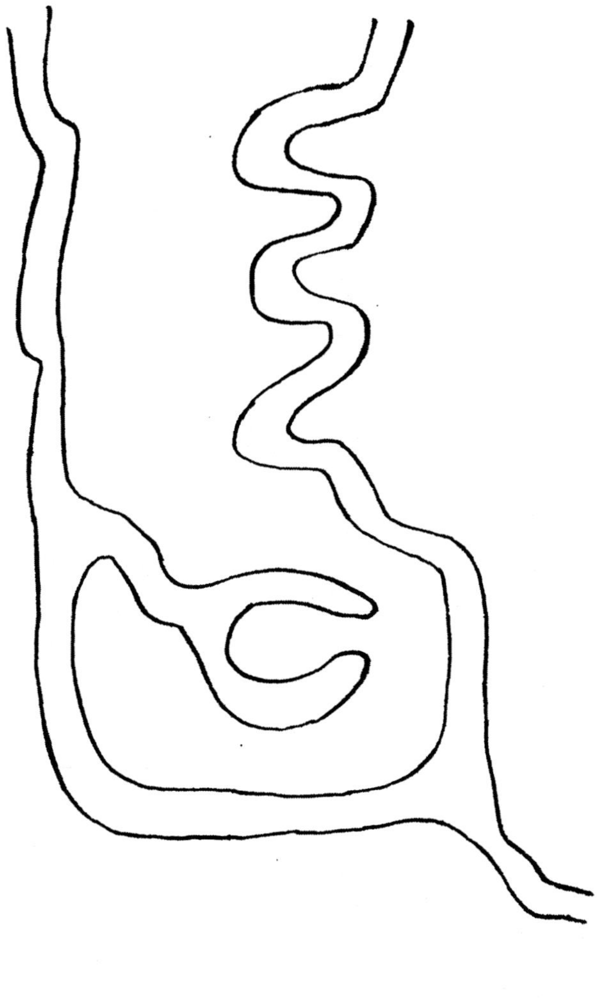

曲水朝堂從左轉右灣灣就身邊轉卻又得客水從東來纏玄武
與曲水合于局後此處兩水夾成勢而曲水之內並無插架成穴反
于客水插一枝水橫架于曲水之後秉受曲水之秀所謂以李接
桃名曰邀倖主移居易姓或贅遇房發大貴或遠鄉冒姓冒籍
發科甲或于四夷邊疆立功業或文人立武業武人立文業或于
他途立名者有之然局勢周密氣完固每主人丁蕃盛累代不絕

遠朝偉秀格

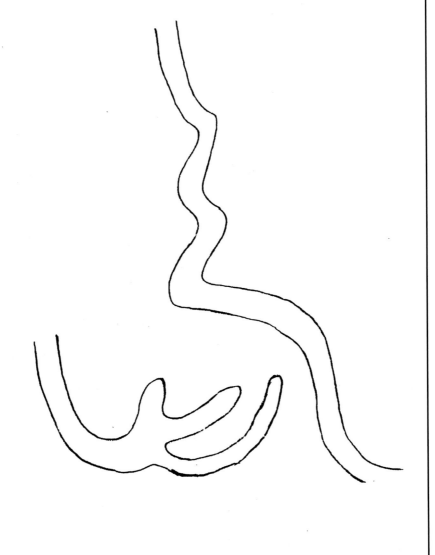

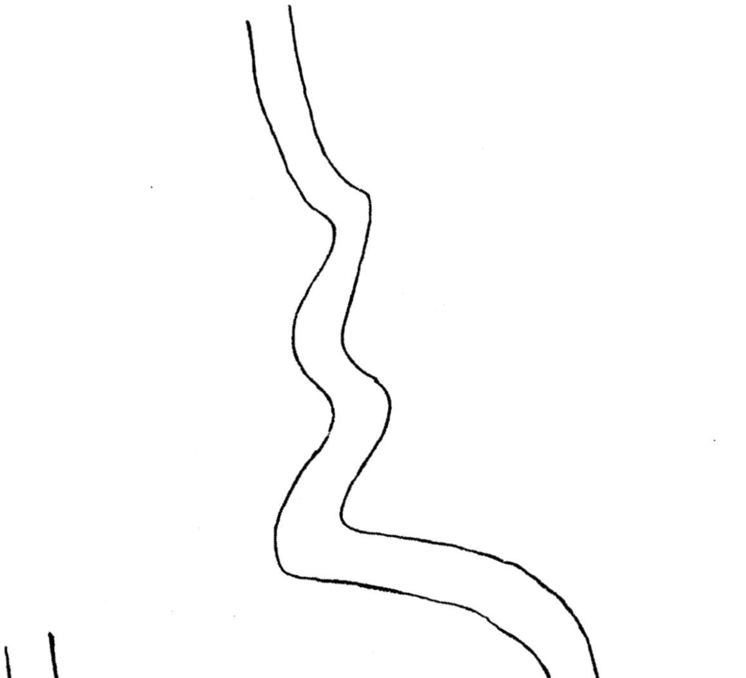

凡遠朝偉秀須得曲水當朝堂或倒左或倒右本局无枝水插界成形却于他方外求插下割成金盤仰掌勢托于曲水之下点名偉秀然穴後又得一枝水包乗于玄武与曲水合從作一路而去則水口當以曲水為主若後面界水不從与玄武曲水合深則水口當從本穴枝水去處論去水屈曲回頭交鎖織結不至滲漏方為大地其水去處雖不屈曲亦不為害蓋本枝之水乃㐫之元辰而曲水乃客水也不過邀客水之秀以發福耳其流之曲直无預于本㐫之氣但要坐下元辰水去得屈曲為貴此等當以過房入贅或他途絆籍登科也

流神聚水格

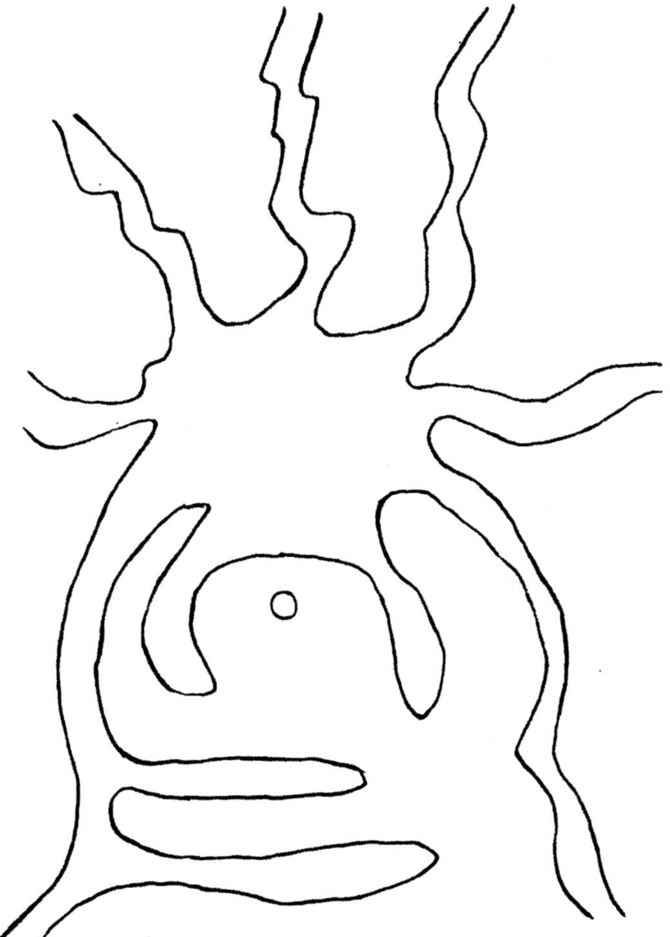

凡是兩水夾來隨龍交合于局前其水多從明堂前直去人皆指為順水地順水龍豈知結地水未有不向前去者只要去得屈曲見直去亦為吉勢局前亦宜蓄水不至徑來徑去為貴耳蓋瀦而後流積而後洩雖去亦不害其為吉也若局前無池沼蓄積則其去水無交鈕向前直去其所忌者惟此耳若三橫四曲顧我復流悠揚眷戀似不忍去此正為顧家水也前顧家者其發近而速後顧家者其發遠而遲其與過穴返出相去遠甚豈得以順而棄之哉

流神聚水格

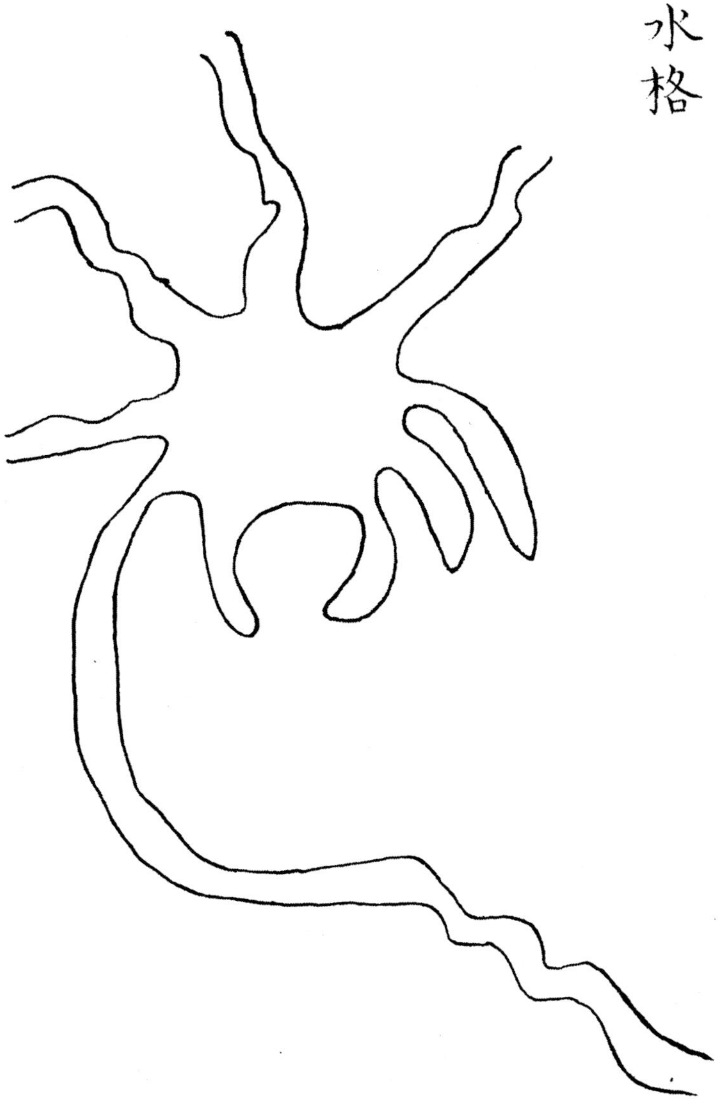

十八格惟水聚堂第一蓋水為財祿富貴之樞機故水神渙散無所收拾者不唯不發亦主敗絕是以古人論水不曰蕩然直去則曰水無關闌務得局前水聚蓄為吉壤凡執左右砂頭朝抱而前又見衆水朝流聚積成蕩只通一路或纏玄武或過青龍此来多去少所謂朝於大旺澤于將衰瀦而後洩之勢也垣局周密衆水聚堂成十全之大地主百子千孫朱紫滿朝三四十紀之福長中幼三房並發但蕩不宜太寬太寬則衆人之水非我一垣之水情不專而發福亦不專矣

元辰水從穴後分開左右兩路隨龍向穴前合衿當穴前而出卻聚成一河蕩左右砂角雙雙朝抱蕩中間小砂或員或方或長橫浮水面交鎖閉闌亦不見水口冲射雖是元辰水向穴出流而聚蓄汪洋与元辰水直出之勢大相懸絕主大富大貴福力悠久若穴前湖蕩中元砂角攔截亦不為害只要左右砂嘴左右拱抱為佳不可以元辰水直流指為順水也賦云元辰水當心直出未可言凶只要湖蕩蓄之橫案攔之乃吉

流神聚水格

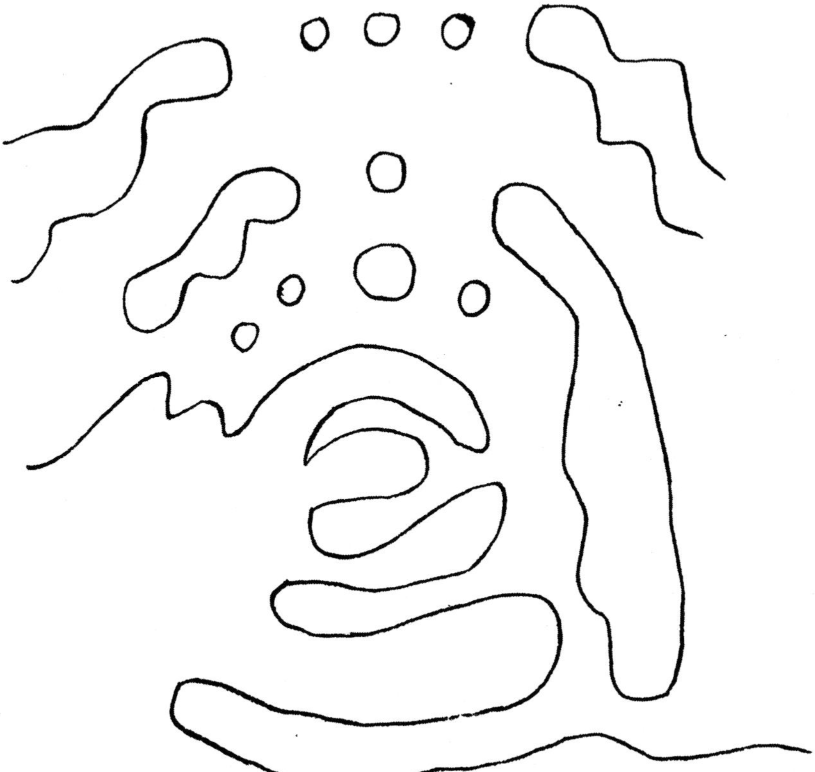

此穴類湖蕩聚神格而本无穴後界水多內氣足与一片平坡若不全

流神聚水格

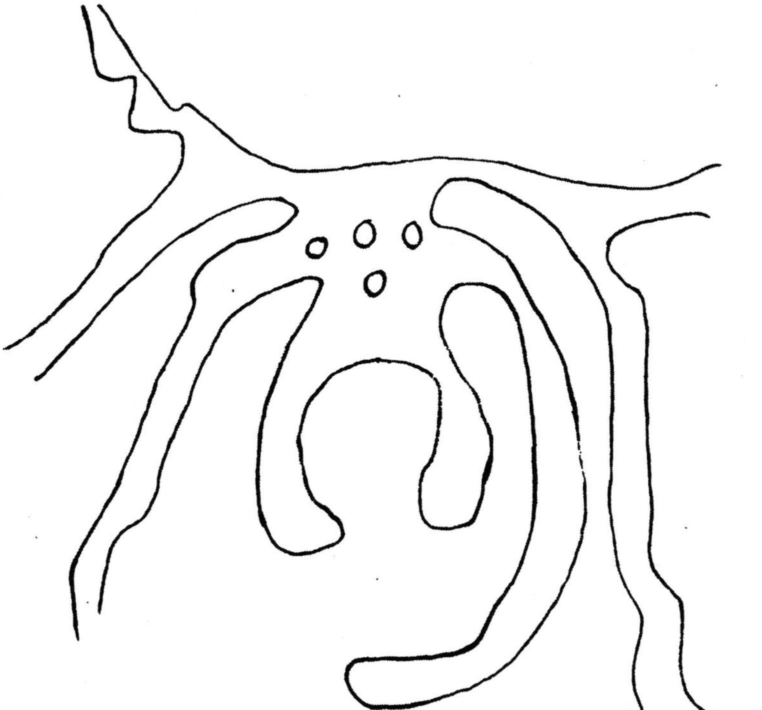

此勢水聚明堂兩水來拱于左右与前横水合流過左或過右只通一路出去穴前蓄水聚池蕩于垣城聯珠串作内明堂龍虎重重拱抱亦大地也局前雖朝陽揖拜只要下砂逆水捶潟緊密似不容水神流去則精神凝聚而不減于衆水朝堂之局也仕而多資但科第不獲名魁僅可腰金以穴前無秀朝揖拱故也内外堂有三兩重關鎖亦主三四十紀福力二三代榮華子孫淵堂過二紀后貴雖不大而財禄豐肥因水靜專而不蕩洩故悠久耳

經云好水如弓上弦好砂如僧坐禪此言水欲其灣抱砂欲其專嚴端正也　又云水要灣環如玉帶形袍身迴繞坐專城　又云內水如勾外水如帶堂氣完固立伯封侯碎金賦云砂要罨砂穴不破水要纏身氣自全若外如帶而內直長下鉤向于內此外是而內非書云來不結咽真氣散令此地局前界水灣抱如滿月形左古水又見就身繞轉其外堂垣局周密坐下左右環拱勾摺結咽前合流分思砂還氣朝顧有情穴之主百子千孫福祿悠長公位均平大格局也

一水橫攔格

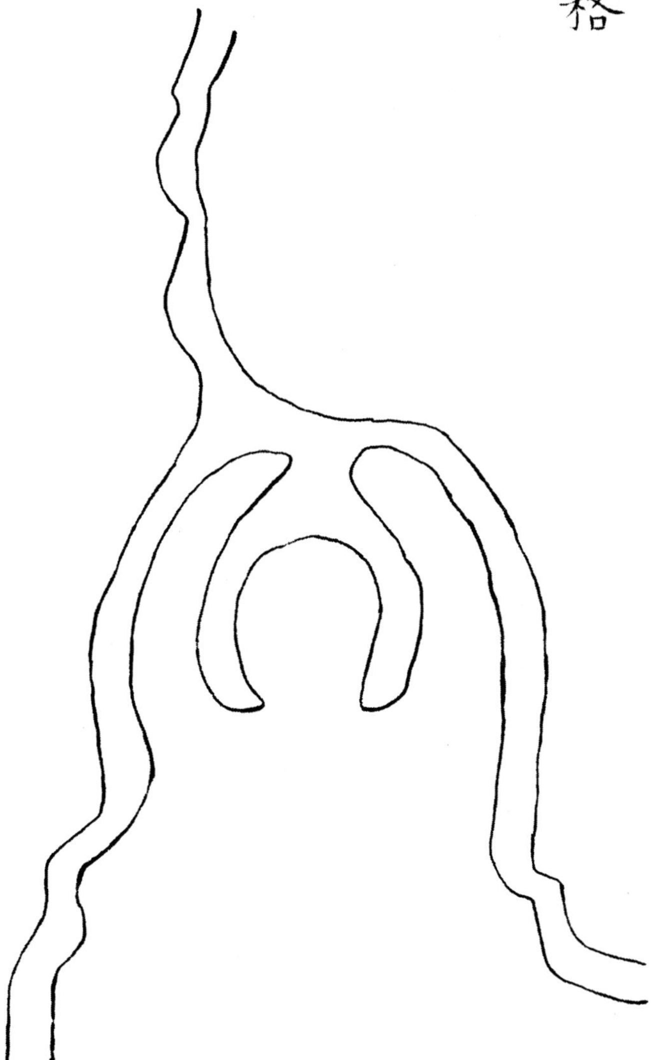

書云穴看左右鐸水看左右砟三陽看城郭明堂看四角此格穴
前水環抱如弓如帶或從左来貼身或從右来貼身緊夹兜收並
無渙散中間雖无枝水揷界氣点完固若或寬大必須枝水收聚
淂此形勢穴之主發福悠久若局前更有曲水或繞或近悠悠
揚揚朝揖于前不問左來右來俱為秀局主翰苑聲名之應左秀
倚左發長右秀倚右發小左右均平則三房均發

一水横攔格

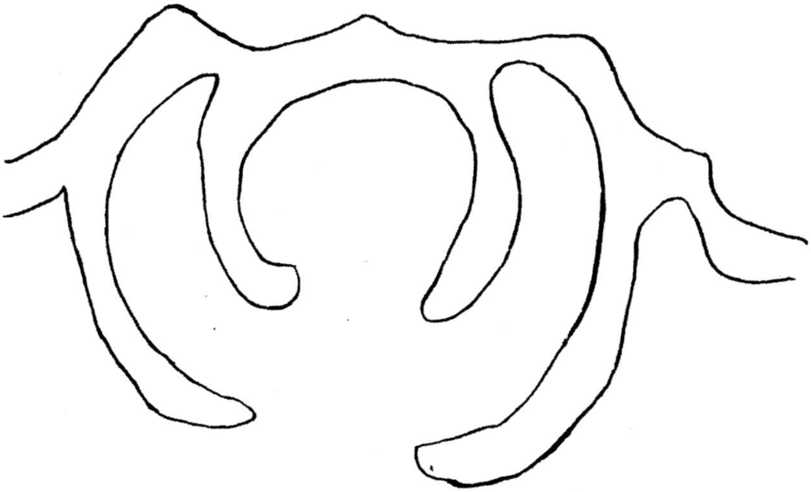

腰帶水左右砟下繄夾包裹其水城形勢汲界龍氣有力經云界水所以正来龍若大横界而左右不就身環抱亦不為妙書云水隨左右砟穴肴左右鋒合局内繄身金魚水分合穴前回頭拱抱後有結咽前有包乘砂回水就誠美勢也書云砂要回頭水要就又云好水灣環巧如帶此勢局前水環抱如帶此水法之最佳者當面若有小反亦不為害可以人力改圖或内堂左右各開腮水插進作内蕩則不見其反矣此地三房均發福力悠久數世不

界水前抱格

此勢局前支水揷入包抱左右砂氣縈拱似乎有情然湖

蕩在坐下砂角双〻飛散則前氣雖收後氣不蓄前為

外氣後為內氣外實內虛此等地儘發小財終无大福

界水外抱格

此勢龍虎重重朝抱局前灣環如弓此形勢之美者然穴前左右砂角硬直無情外形可觀內形似覺單纏不可以硬直而棄之也賦云內直外勾儘可剪裁以工力掘去直指便成灣勢開睜点大地也

亦名双盤龍势

砂水團雲勢有双盤龍单盤龍凡盤龍結穴須砂水團繞周旋委曲如雲之圍繞方成盤結而氣聚不散也若无委曲盤旋之勢雖回頭朝應非盤龍結也此勢双盤而左右客砂重〻盤曲旋繞如雲之護曰凡盤龍結穴多結在局中必得蓄水于内明堂或小砂点應方佳得此形局發福最悠久以盤龍之地无風吹水破之患故也雖穴不盡真縱不大發亦不大敗房分均匀貴而不驕富而不吝男女貞潔風聲可愛子孫守節而不濫或有被徵召而不仕者皆氣脉潛藏之應也

湖蕩聚砂格

双盤套勢

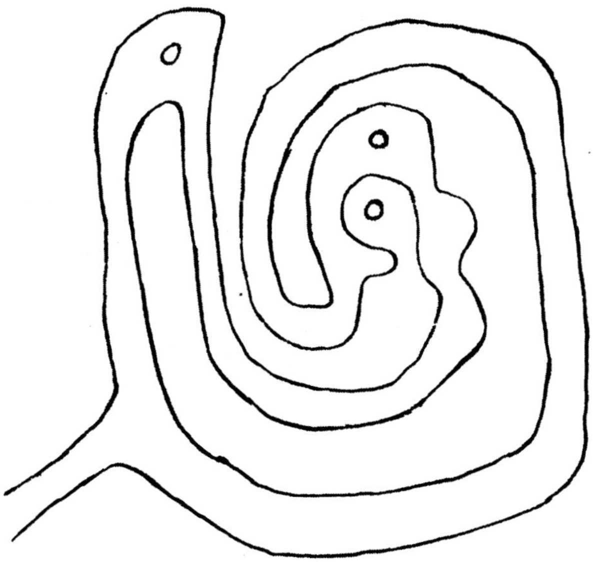

凡砂水團雲勢多結盤龍穴一條水入一條水出周圍盤結皆在局中結穴處須要水寬聚成湖澤其中涵得氣脈溶活方妙不然成衆頭城矣衆頭名巾幗水穴氣窘逼不得流通反成絕地經云山囚水囚屬王滅侯蓋其義也此圖穴前湖泽汪洋際而不廹穴之自能發福子孫悠久更出人孝弟性巧聰敏或于巧藝中成名發財以苍未彎曲也

湖蕩聚砂格

前後各有長砂橫架左右各有直砂包裹中間却得小橫砂或三四畝或七八畝並无枝水挿界藏于衆砂之中右右直砂角〻回頭勾格包抱左右前後水雖四穿八達穴中視之毫无滲漏正如車輪之湊合團簇周密衆砂歸向不敢反背則真氣聚矣凡看地先要看左右前後朝向何處若雙〻回頭向于內即于中間尋中正不倚或大或小處求之若有反背砂或向内或向外或反跳即非真氣所聚之處不必求穴全在目力之精心思之巧体察其情實見得其真方无差漏矣

湖蕩聚砂格

湖泊之處多有小砂或二三十塊或一畝二畝五六畝團簇抱聚中間包含湖蕩其砂點點印于水面若浮鷗泛水小砂之外却有長砂周圍包裹小砂于其中左右前後見水穿漏而外有大砂長砂角角包裹不見缺方成局勢却于中間小砂認出一中砂頭面端正肅而前後左右小砂雖零散而實朝傾攢簇擁護不遠不近不疎不密其外面更得大砂灣抱周密完固若此大局也其力量雄盛誠大貴之地若中間雖有小砂而不得湖蕩含蓄其秀不顯露雖發財而富不甚厚出文翰詞林之貴但小砂不要鵝頭鼻領方妙

湖蕩聚砂格

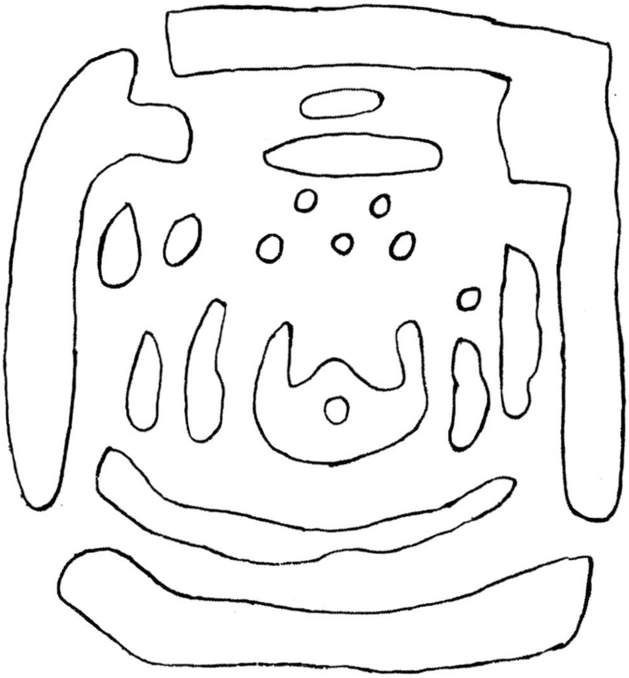

湖漢之間反浙直等處地最低薄古時開闢田地多是填低就高各回沙汰以成田故多小砂攢聚成勢之穴然多大小不均橫斜不齊零散而圍簇者少凡是此等地面亦有結穴者須要隨砂詳看砂頭朝向何地若見攢簇整齊不踈不密使去群砂之中尋得中立之砂四傾有砂包裹不覺露風藏聚含蓄此地極佳主百子千孫富貴悠久朱紫滿朝之應其穴向當視小砂中處之向內得水正面迎受方美若小砂多而大砂遠抱終恐近身穿漏必得穴砂左右有貼身金魚水繫抱以護漏風則氣益固矣

湖蕩聚砂格

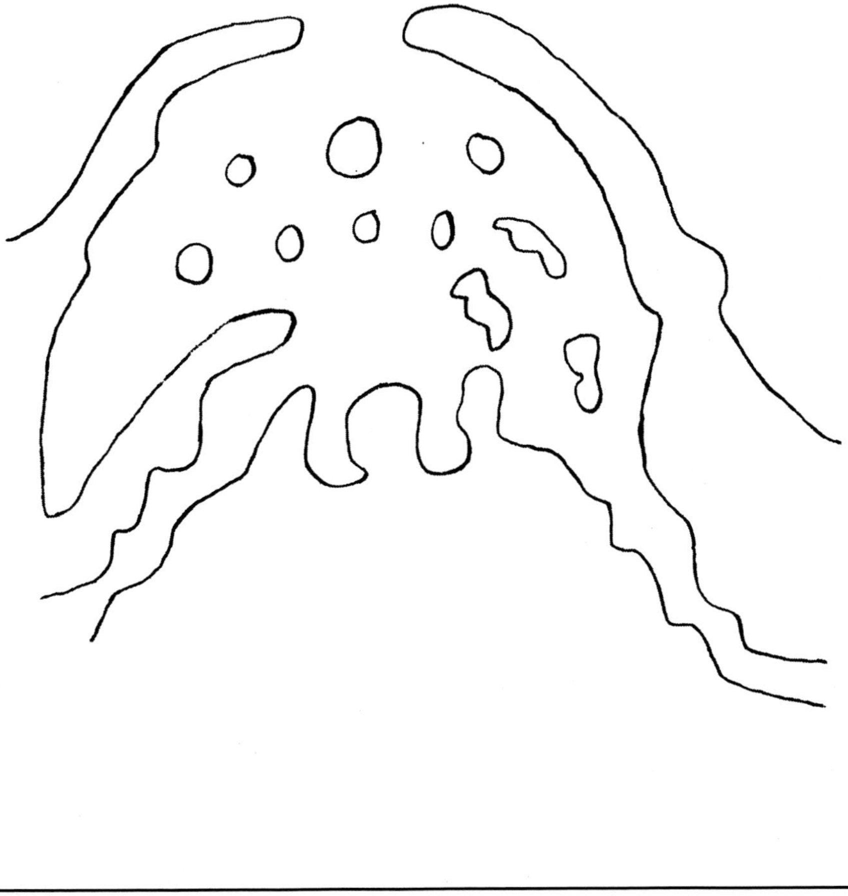

積水灌堂聚蓄成湖或一二頃或入九十畆却于穴左右起沙條
夾身逆水捶出護衛區穴或四五重六七重雙雙回頭朝拱形
如勒馬其力量最重是大地也世人或以擾乱散漫過峽束氣不
清而棄之悞矣

湖蕩聚砂格
亦名踢毬勢

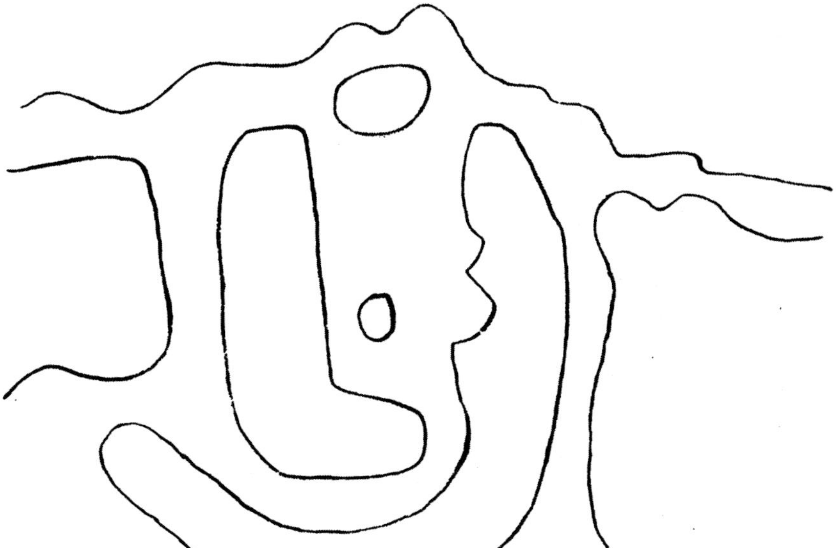

砂形勾踢如馬蹄如靴頭如皮刀口客砂色纏于坐下穴前蓄聚
来水成湖一水单纏玄武左轉両砂自相包褁垣局完固並无水
割亦大地也水自右来穴宜右迎水堂局端正不覺斜側穴宜正
受湖澤方佳雖无㷊砂照應亦吉若聚水直長必淂水中小砂照
為羡㷊明堂水喜横長如帶不宜直直如竹也主富而且貴子孫代
〻荣顯若玄武水倒纏入明堂竟向前而去穴宜横受方吉

湖蕩聚砂格

凖踢毬執

又名鴛鴦鈎

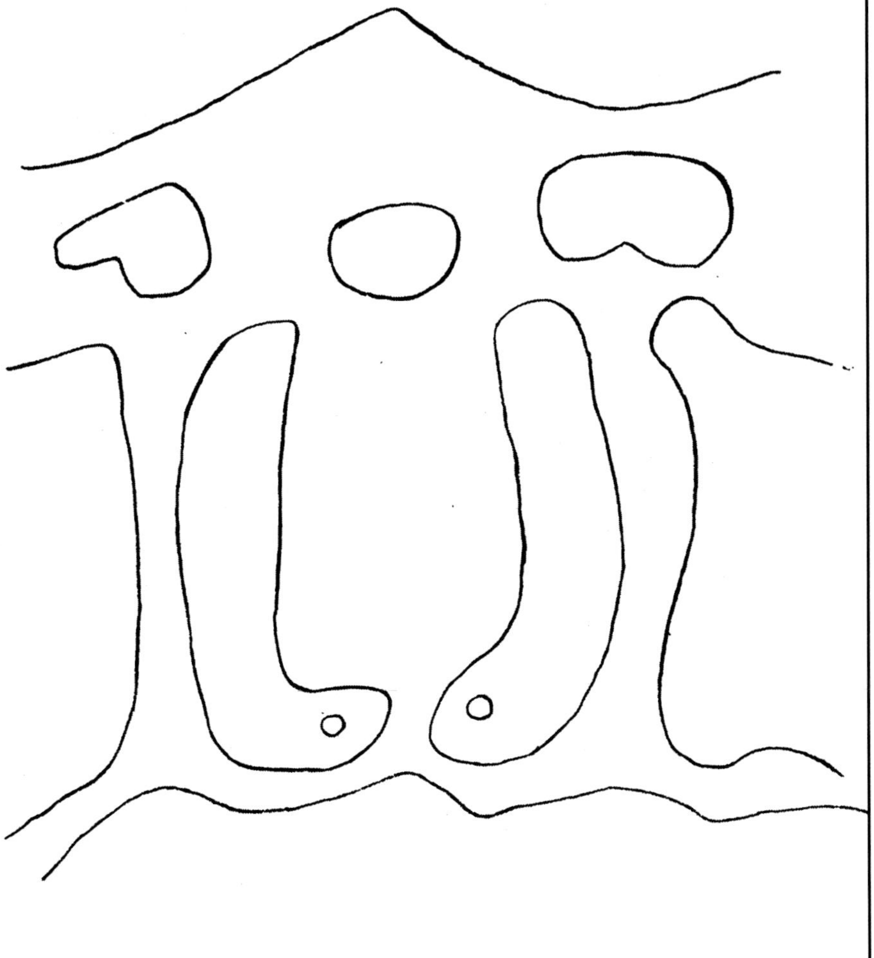

内張河蕩左右兩砂相顧中道過穴双〻回頭若内蓄水長直須淂蓋砂護覆不見明堂水直長方妙左右兩砂各自結穴故曰鴛鴦垂勾勢其形皮刀靴嘴相似當就灣處扦之轉身向上方有力若側扦之則不發秀矣此地主科甲聯芳但初必先主因財致貴或納粟奏名後發文翰貴主腰金官〻相見左穴先發次房右穴先發長房多生孝弟忠信子孫繁盛悠久若扦穴太進則氣散而不収難以發貴兩穴全斷

湖蕩聚砂格

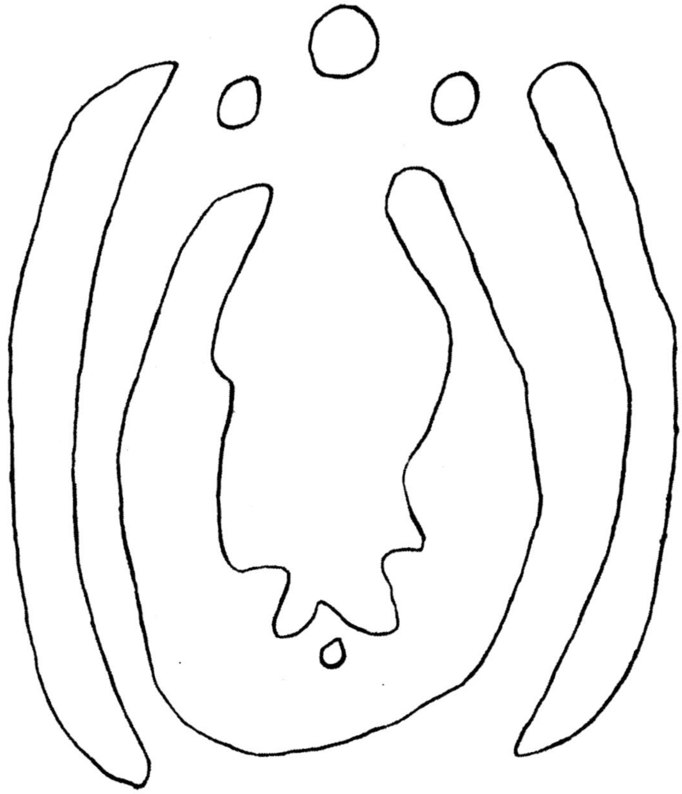

凡羣砂輻輳有五勢有穴聚水繞砂朝應者有水聚明堂近砂者有面遠砂拱衛者有本身綿長直出湖蕩外砂遠應者有湖蕩中群砂圍繞自相輻輳者有羣砂內聚而外有大砂包乘者皆大地也此局水聚于明堂淂近自砂襯貼前有湖蕩而遠砂拱夾外砂拱水外水夾砂其局勢更妙更淂穴前或遠或近有砂呈秀富貴極大者在右拱夾雖多前面無砂作應則堂空无物富而不顯

湖蕩聚砂格

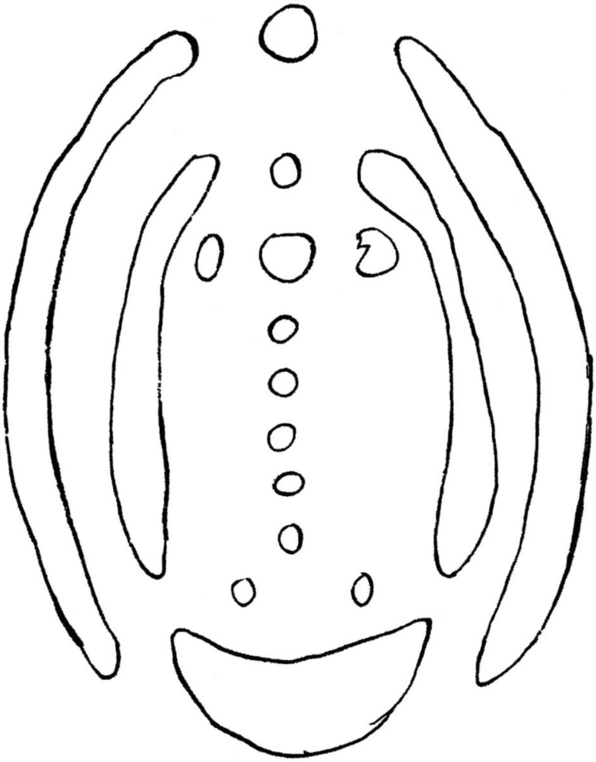

蕩泊之處多有結穴如波心蕩月如雁落平砂又如浮鷗点水
審而穴之無不發福

湖蕩聚砂格

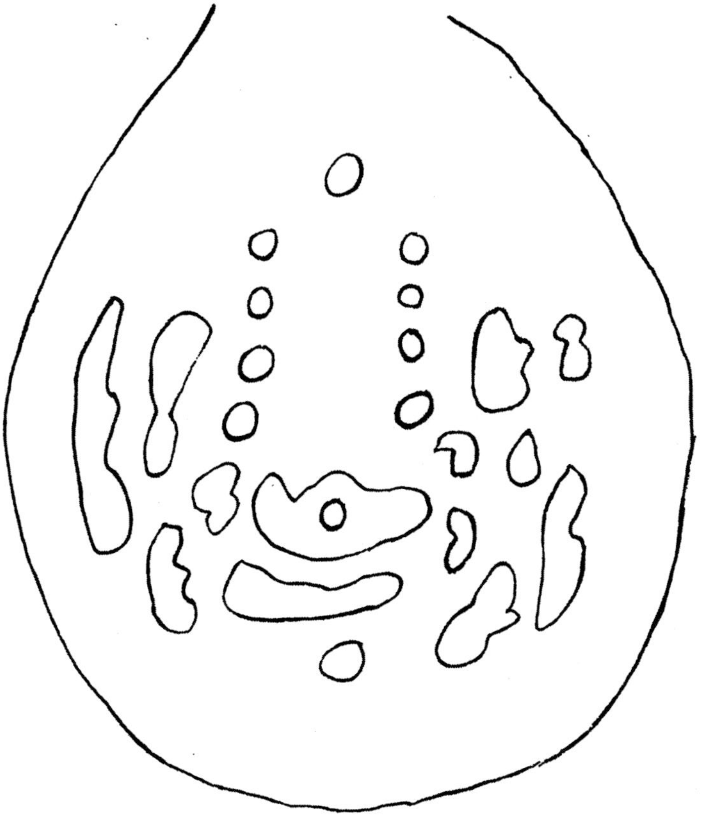

洲泊河蕩之處一望无際中間或有小砂數十磈或數百磈大則五七畝小則二三畝或蘆間草渚團簇于一處却于中間求看内有大砂或十畝二十畝滑支水揷界緊身包抱左右小砂或長或短簇擁圍聚如蜂之從王隻〻回頭向拱小砂交鈕如練之聯屬重〻疊〻不見穿漏坐下近局有横砂以攔于後穴前小砂点〻如鷗浮水横列如排班倚列如衙若直列如亂藋倒轂圍列如屯軍西師有此形勢主威震邊疆或統軍大將或割據一方或分茅立伯若前有倒旂反砂主出強梁之人

湖蕩聚砂格

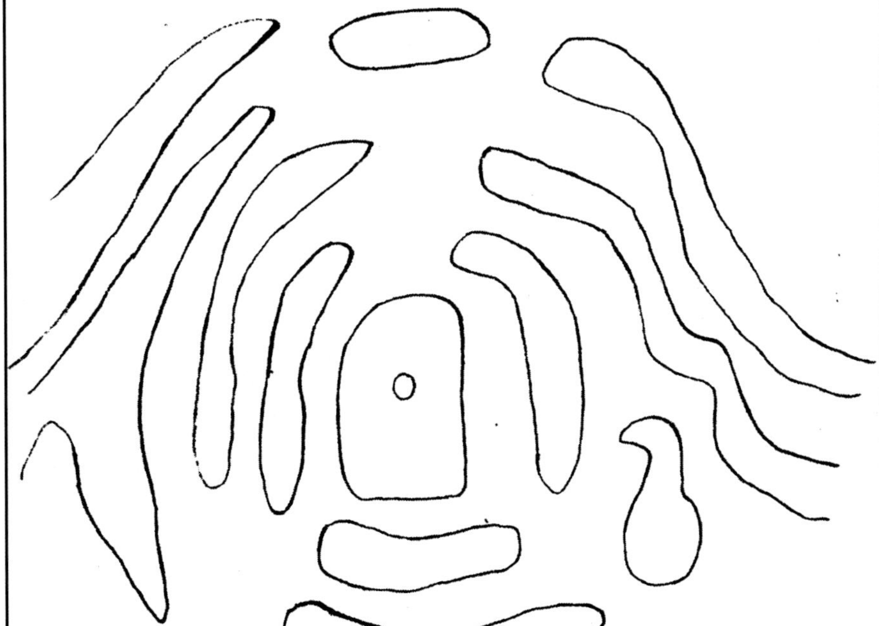

河泊之穴多有羣砂團簇或遠或近四顧朝應中有一砂端肅嚴整中處望之左右前後各有長砂抱之隻隻回頭顧穴如大將之坐營而衆軍之執戟屯列也如官之坐而吏卒之排衙唱喏也四畔但係湖蕩相去或半里一里視遠若近而羣砂紛紛拱衛如在目前如拜如俯如揖如伏整齊震肅而空穴有横砂架攔于後不致滲漏如此形勢主立伯分茅富堪敵國百子千孫萬禱悠久㸃主子孫孝義世出忠良

湖蕩聚砂格

羣砂輻湊衆水聚堂左右各有長砂二三重抱衛于兩旁砂頭向堂回顧不硬不直又不背坐更得托坐于後中間有一支水界出龍虎坐實中立向前遠砂左右趨堂勢若排衙如拱如揖中含湖蕩外有遠山或長砂為蓋照湖蕩寬潤中有小砂如星如月即于水中排列如展班有此形体格局之勝者也主富貴綿遠出宰輔産英賢千子萬孫世所罕見

湖蕩聚砂格

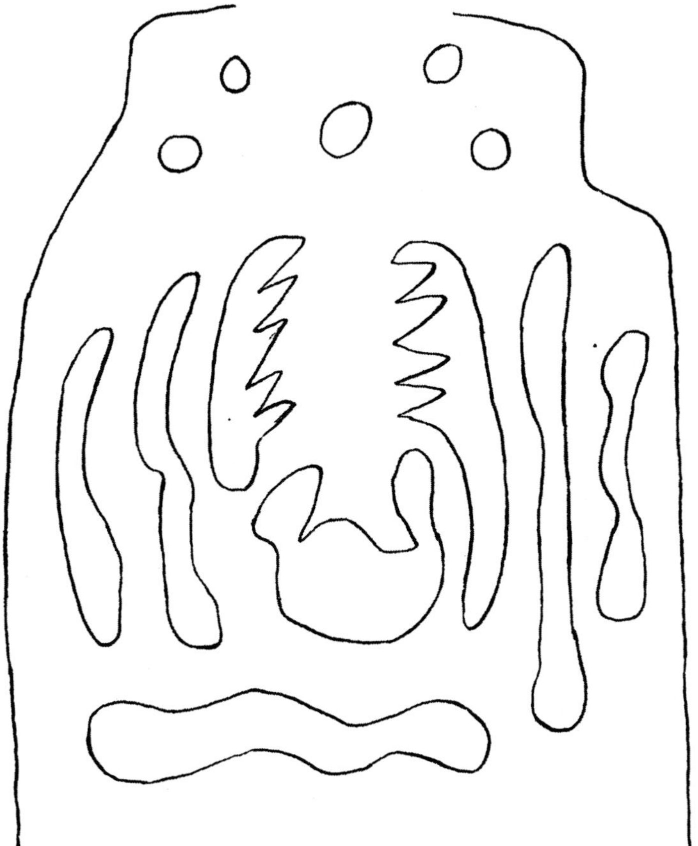

大湖大蕩數千頃于中間突起二三片大者數百畝小者五六十畝團簇拱聚兩兩相顧洲洲角兜收隻隻回顧如衆犬之聚食于槽者然即于中間審認何砂端正尊嚴有先枝水界割局中間如有界割支水結咽分合件件明白的有明証便看明堂左右朝抱如何若見朝抱有情蕩水收進蓄于穴前作内明堂局前更有遠砂益照湖蕩雖大面局前視之不覺寬闊蕩散垣局周密乃大地也穴之主富堪敵國貴並王侯分茅列土貴專一方以湖蕩中精神獨擅而人不得分受之故也並以砂水朝揖之多寡而定世代之遠近朝拱之砂愈多愈妙

湖蕩聚砂格

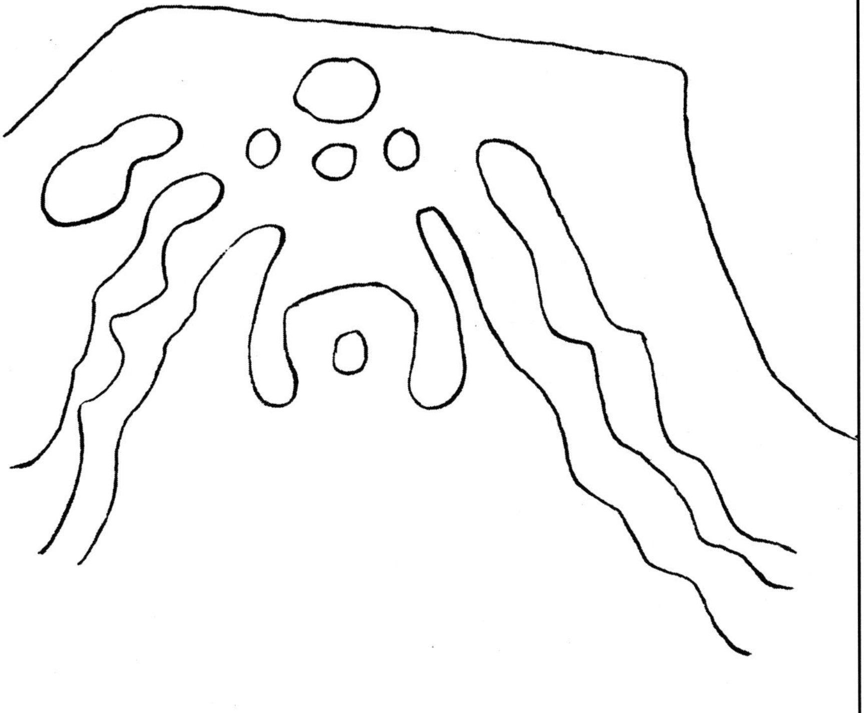

此勢前面湖蕩或千頃橫蓋于前局後曠蕩無頃又得
支水橫界成局穴前再見小砂蓋照不致蕩散寬闊則
精神完固穴之无不發福凡此等地不必問水之去来合法
只當審氣之聚止何如耳主富貴並美福力不可量也

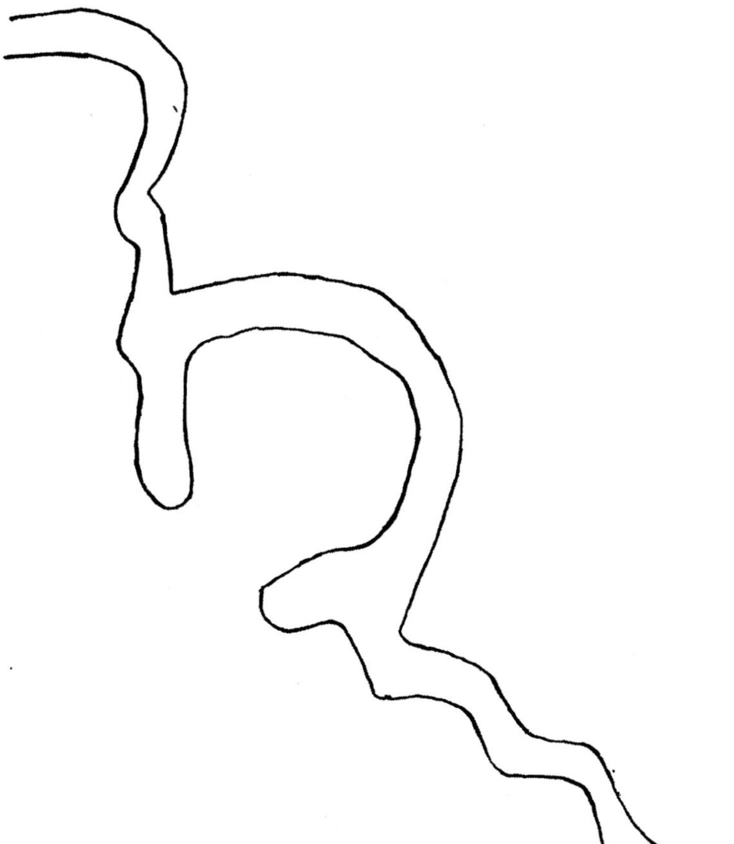

凡水来去要朝抱就身尤要灣環委曲来要之玄去要回頭纏繞此勢穴前左來右抱就身似為可穴然形如之字雖見屈曲而勢如拽索斜曲不秀謂之斜來則可謂之朝堂寔是非也其右邊去水雖見就身扎局不遠不反跳斜飛更不回頭顧家則去水似是而非其貼身左右支水撼裁割如西穴之僅可暫發不能悠久若誤認水玄如帶是淂一而廢百也蓋水城固要圍抱而来去亦宜朝拱書云来拽索曲而斜此處莫安排又云水若回頭號顧家水若顧家〻必破觀此而水之去来可例明矣

来水撞城格

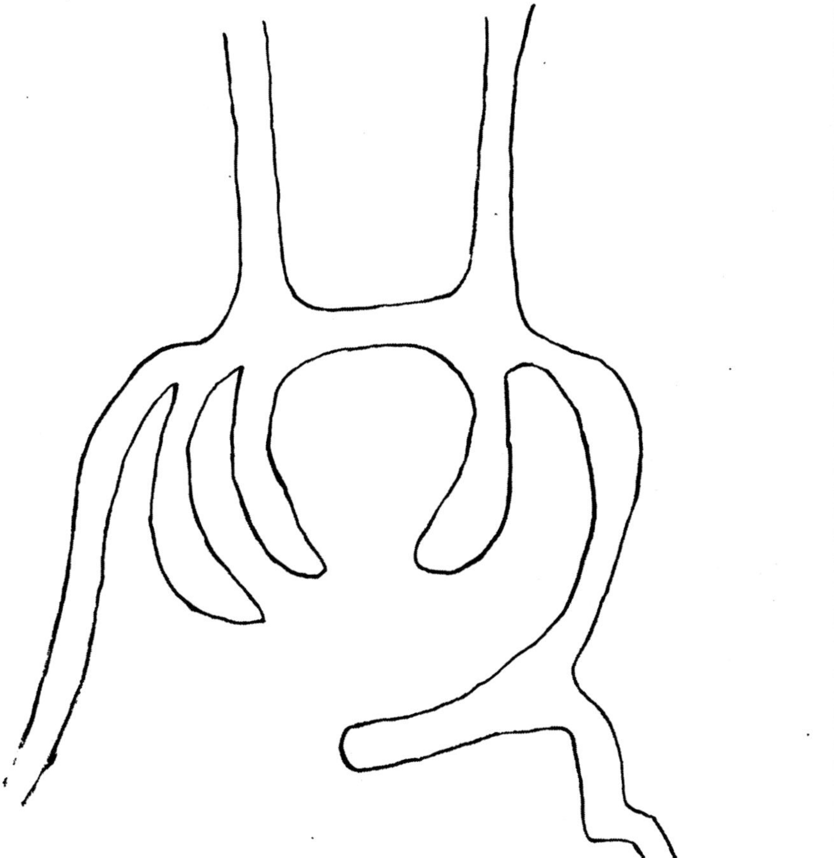

此水或左來夾身從右砟下或右來夾身而從左砟下穴前水如弓如帶其左右又有枝水合界拱夾于兩旁其大形大勢似覺凝聚成局可觀若明堂左右有曲水朝來照穴此地甚美使局前雖有水來而直來如箭畧無屈曲情況則穴中之氣又被直水射散書云來如箭紋身繞面雖發財祿子孫必有編配之患若右來左去左來右去或左右俱來而穴前分作兩股流出一直如箭遠去更無池湖收蓄亦為不美見此形切不可以左右枝水夾抱可觀而穴之也絕人敗家悉由于此學者知之

曲水斜飛格

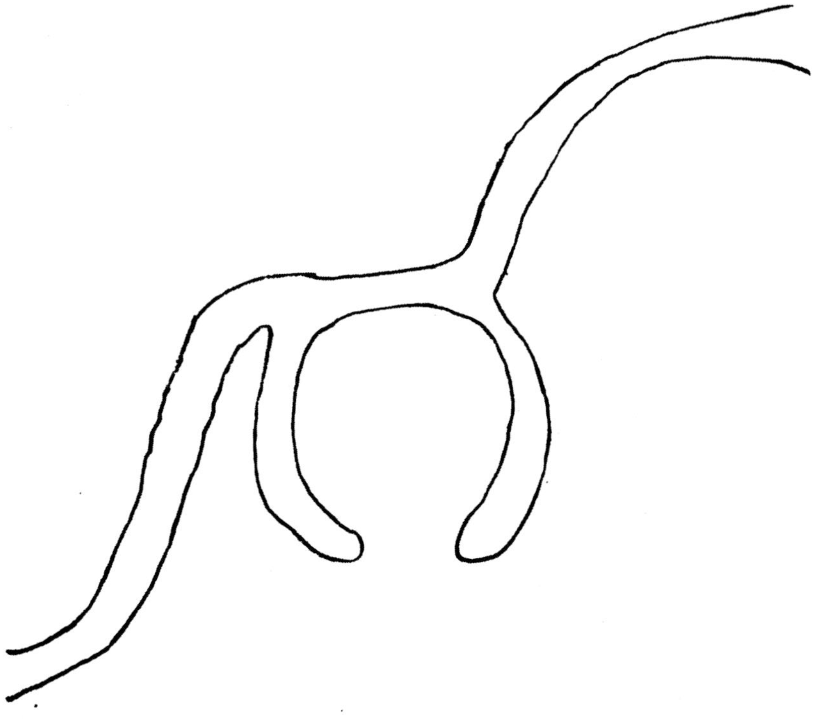

凡水界龍来要就身宜貼体過穴而斜飛為斜流謂其不衛穴也遇穴而反跳圈為跳謂其不就身砟下以衛區穴而却于穴前反跳而去更无屈曲回頭朝過之情雖得一邊圍繞而一邊反跳則穴氣已泄反跳之處走泄矣邊聚邊散氣不融結雖或發達亦不悠久賦云水繞過穴而反跳一發便衰若水自横來過穴而反圜是左右俱不得水抱雖有支水兜收全不聚氣穴之必敗經云來不揖穴去不拜堂敗絶之藏正此勢也左跳長房當右跳小房絶

来水撞城格

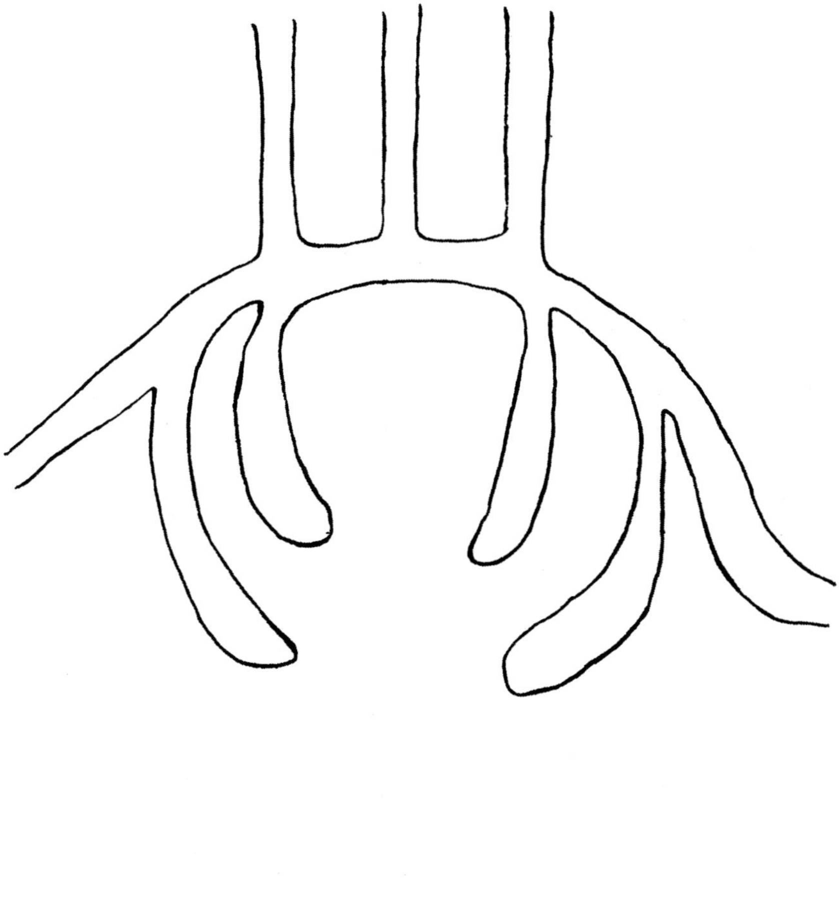

此穴前水灣抱如帶左右龍虎繄夾護送形端局正似為結地然向前明堂水更得屈曲而來方妙今此地向前有一路二路三路水直冲穴前為金吾箭書云直則為冲曲則朝此水直来撞城其禍最亟書云一箭一男死二箭二女傷箭左損長箭右損小箭中損二若見斜冲主子孫軍徒又曜殺方主刑戮甚而至于絶嗣穴前有此直水或必得池湖受之或横繄遮之差能免禍賦云為人無後多因水破穴心是也

界水無情格

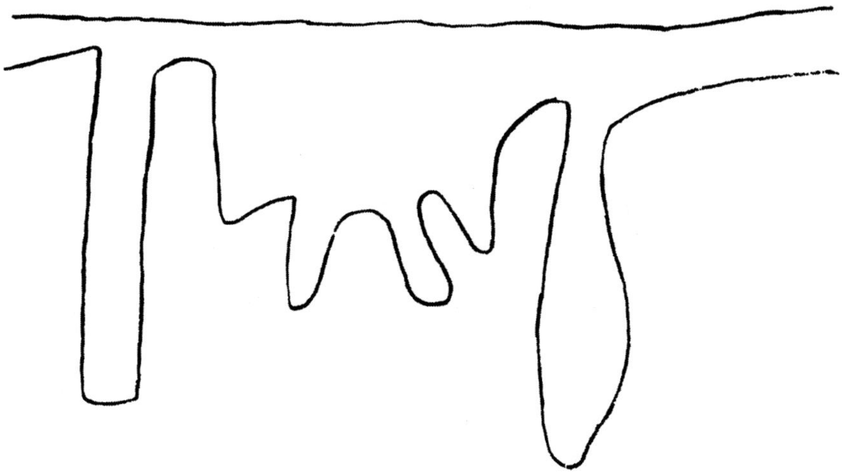

凡看須要左右砂水朝抱回身向堂局青龍如勒馬白虎似眠弓書云大地却如羊見犬隻〻回頭轉正如主人在座而僕從之歸向四面環遮如星之拱抱也若龍虎直出無所灣抱若形如推車謂之无情書云却如伸去推車形砂不回頭堂氣散即令此地龍虎直去不見回頭其明堂雖見聚水而左右砂頭直去則水亦不會蓄矣堂氣不聚堂氣不固矣書云龍虎所以衛區穴既不回頭其內堂豈有生氣耶雖內砂似勾亦不足取時師見有龍虎堂不究其情何況便從指点未有不悞人矣賦云內勾外直枉勞心可不審哉

界水無情格

青霆經曰𣗳椅反張手足握拽敗絶之藏又云官不供職鬼不還
氣忤逆之地穴之主父子分居兄弟別離書云砂分八字水斜流
田地不留𡍼是也

界水無情格

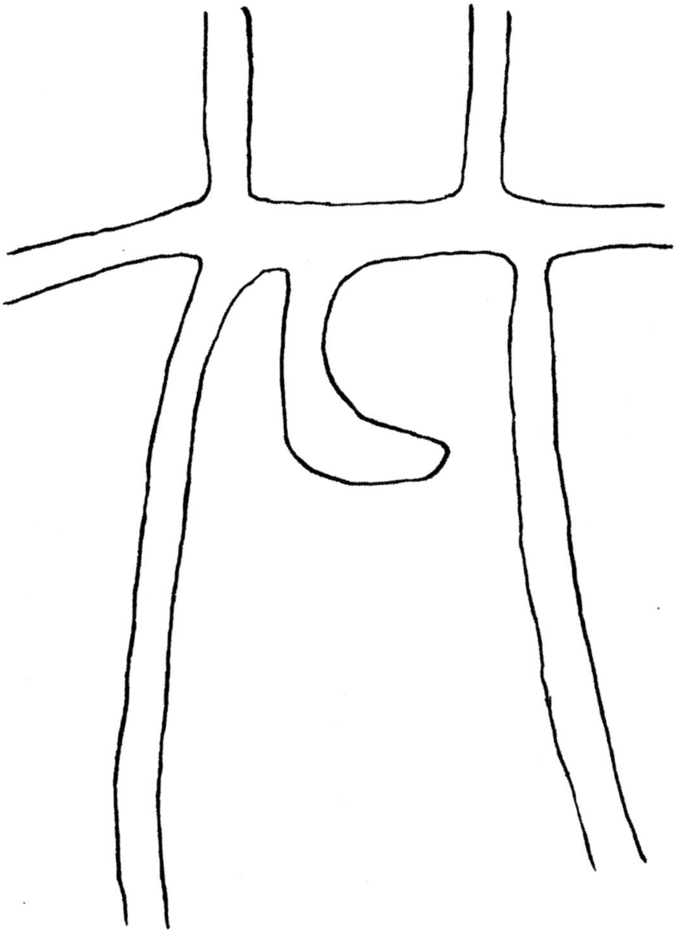

之平地與山龍不全只要水来抱衛其左右前後宜委折屈曲向内就身回繞凡見直來硬逼不顧堂局大凶也其雖有文水勾灣穴不宜指点賦云蕩然直去無関闌其内豈有真龍訣云水能界生氣灣曲廻繞者界生氣水也蕩直不顧家者散生氣也經云生氣盡從流水去正謂水直去故也南来北去東來西去一直如箭畧無回頭朝顧之情若書井字樣如画棋格中間雖有枝水插界点似是而非也穴之雖畧有財久之出人横暴主有流徒之患忤逆不仁貧敗絶嗣瘟疫自例皆剄硬之氣所致也

秘傳水龍經卷之一終

水龍經卷之二總論

此卷專言水龍貼體吉凶形局而入穴星体已森然槩列于其中此水龍肯綮扼要之書也亦不著作者姓名言都俚俗而我以為此必楊公真本千年以來師師相授之秘旨也欲開卷先言五星而五星之中惟取金水土三星為吉木火二星為凶此与山龍有異山龍有火星起頂此亦即結真穴亦有行龍穴星皆木星結体弥見貴秀水龍則一犯木星立見災禍推原其故總為水形喜柔荏而惡剛強宜轉抱而忌冲激金水柔荏而土形轉抱与木火之剛強冲激者情性判然矣是以五星既別而即繼之以繞抱反跳

散氣漏風蓄聚分飛諸格辨之最詳亦即五星之變体而引伸觸類以求詳之者也夫先明支幹之義則行龍之体格大畧已定繼明五星之正變而后入穴之作用得其主宰掌握自由學者苟有意于楊公之術能于是書深切而体驗之水龍之道思過半矣過此以往三元九宮之法庶幾其有逢源之樂乎大鴻氏筆

秘傳水龍經卷之二

論枝榦

大水汪洋是榦龍
支龍作穴出三公

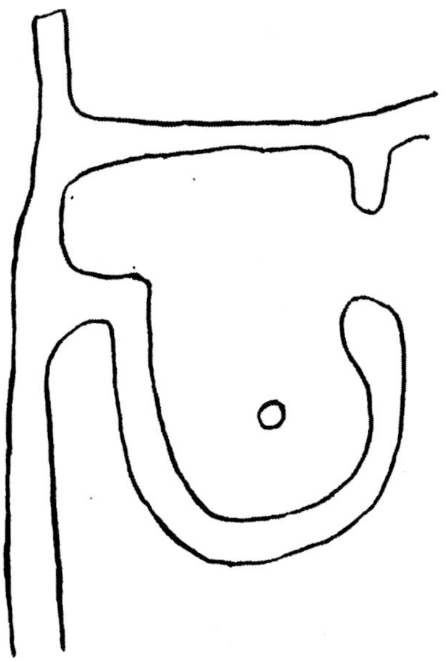

枝龍作穴須長久

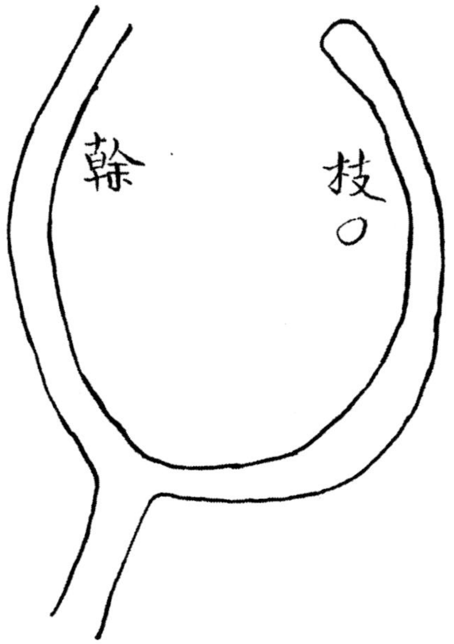

榦龍氣盡不須求

論五星

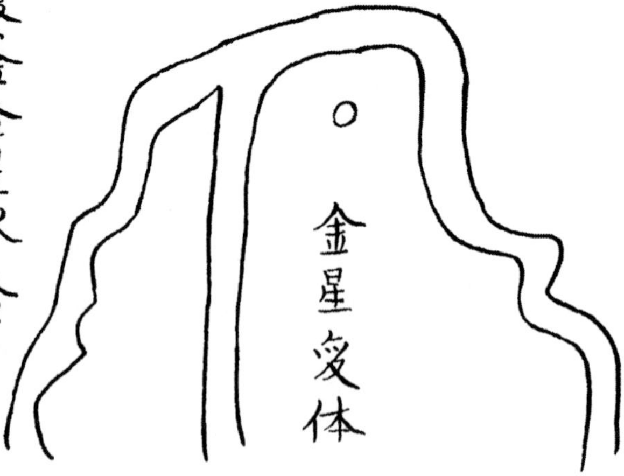

覆釜金星水養身
子孫富貴足金銀

右金小房興

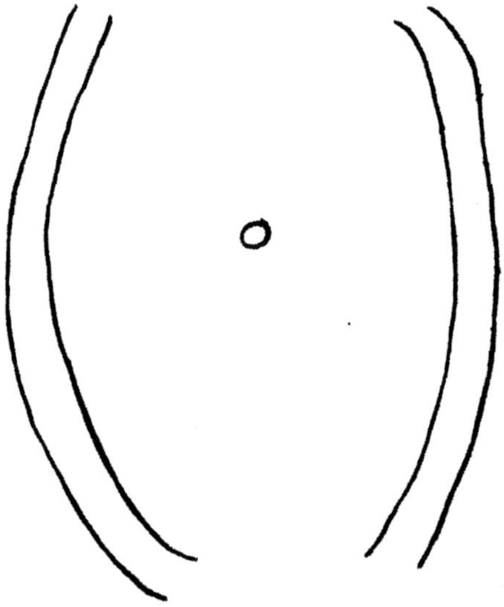

左金長房發

金星如玉帶此地真無價

横水過宮
金城抱穴
若扦此地
富貴不歇

斜金似金火受尅非佳

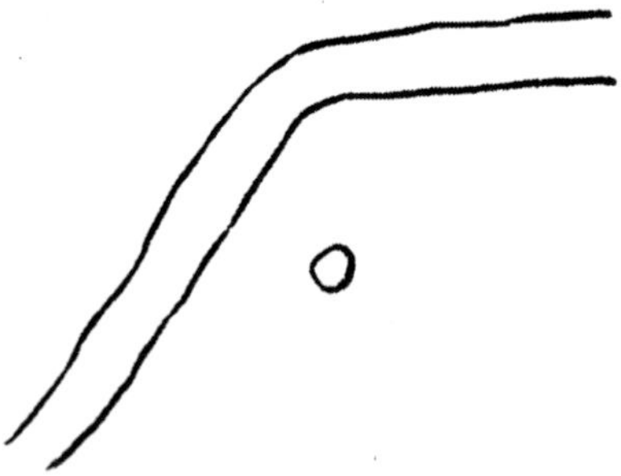

斜金似火焰前穴
半貧半富賣田宅

前火尅金城風字脚不停
若扦此等地不久主伶仃

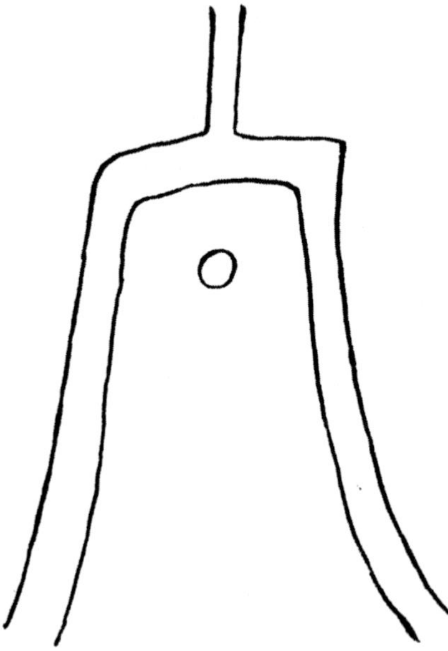

此水名為犁頭形一發火燒貧

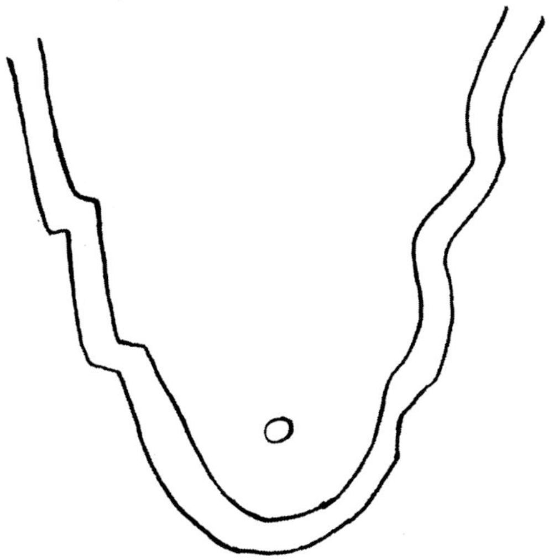

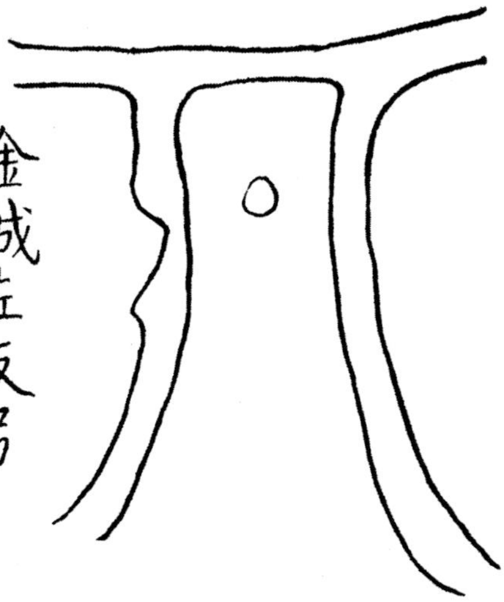

金城右反弓
小子必孤窮

金城左反弓
長子必離宗

金城反弓逃走貧窮

水入金城

富貴多丁

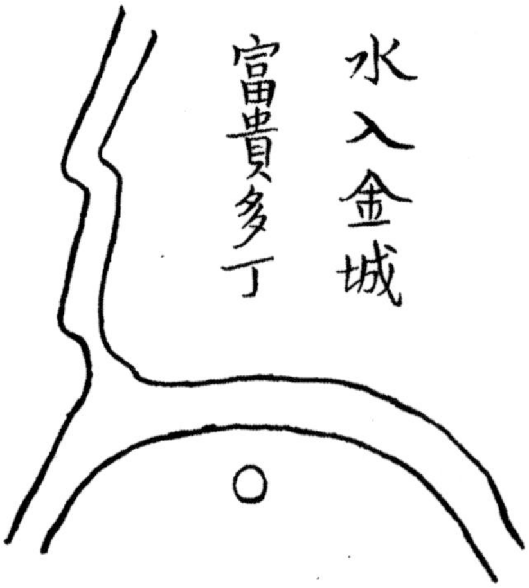

金水泛溢
風聲可撼

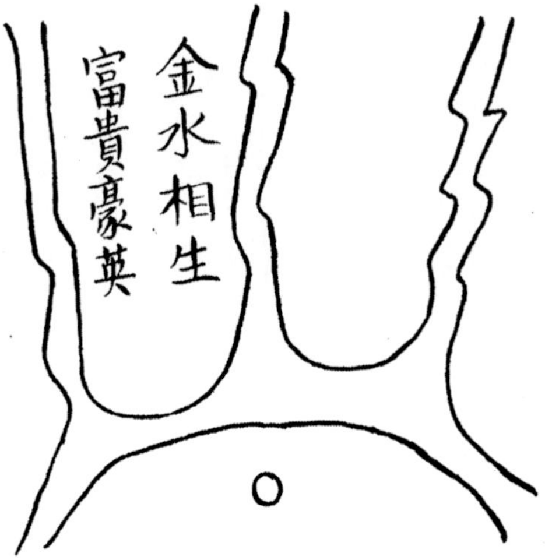

金星木来撞
子孫家傾蕩

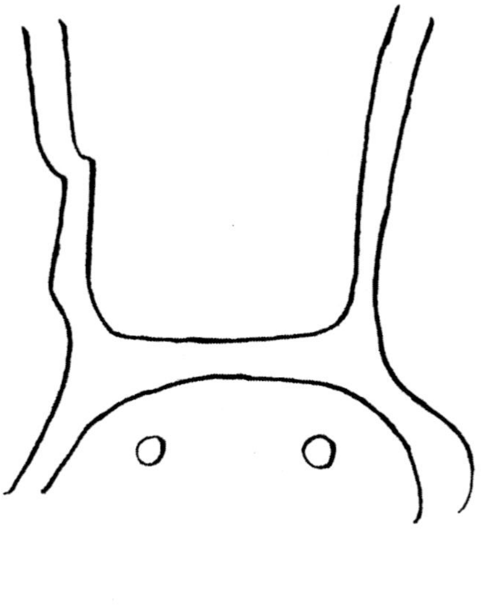

金水得地子孫富貴

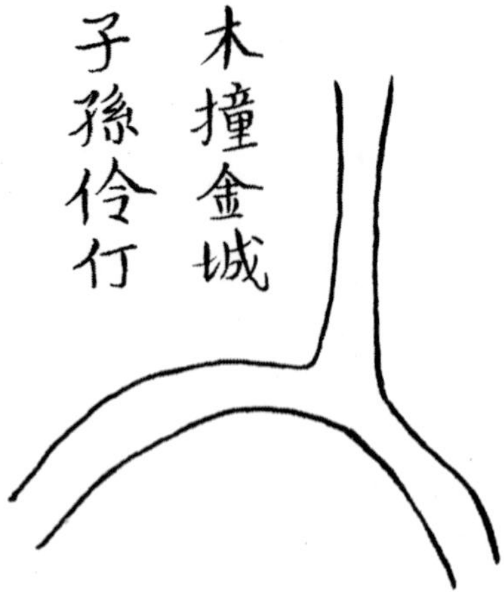
木撞金城
子孫伶仃

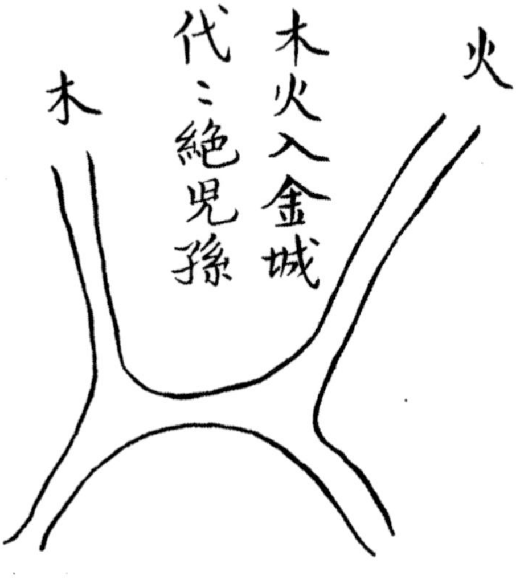
火
木火入金城
代代絕兒孫
木

曲木入金城
官鬼損人丁

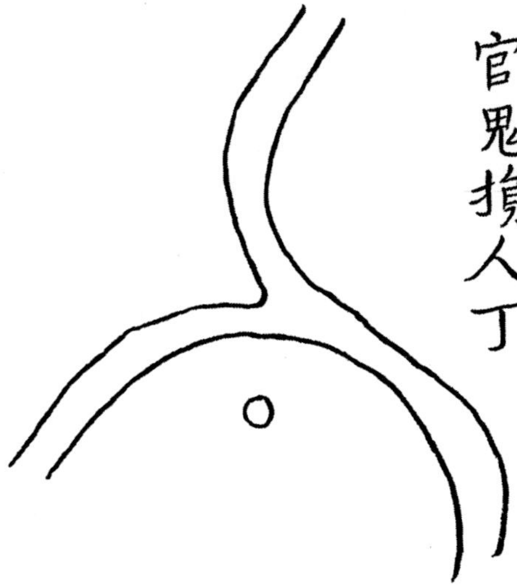

殺入金城窮敗無丁

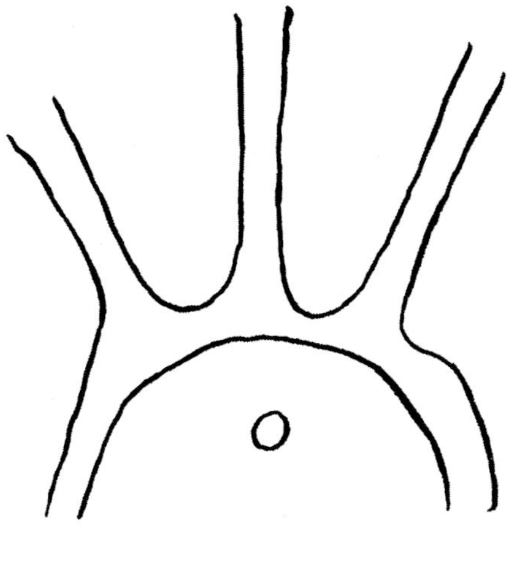

火尅金城賊盜病瘟

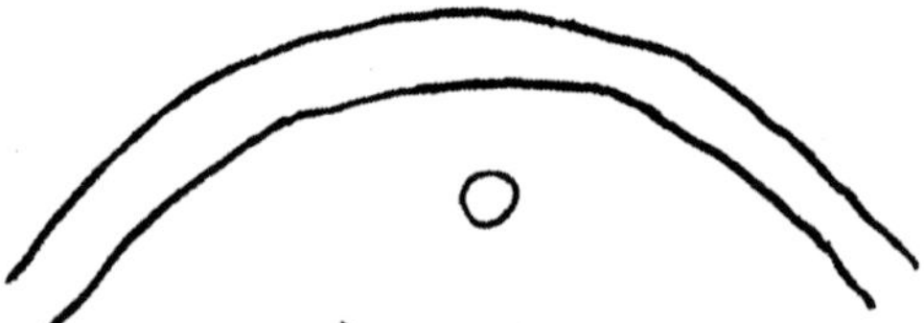

中細即成尖形故曰火尅

二火来尅金災星日ゝ臨

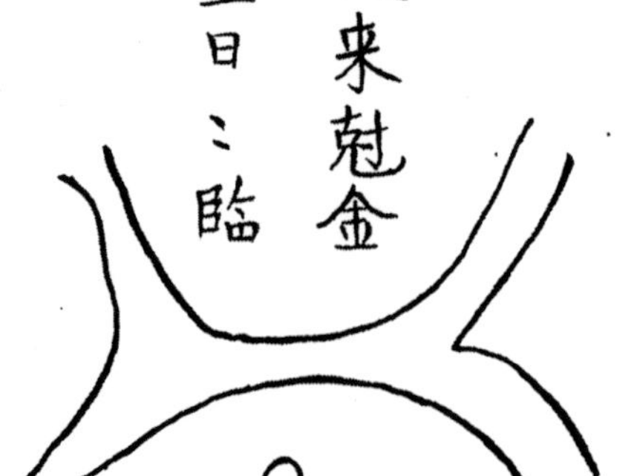

火金相刑
敗絕無丁

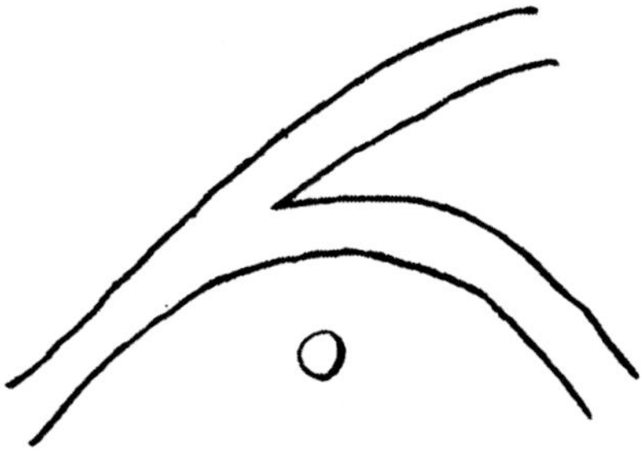

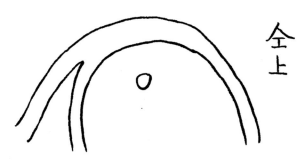

仝上

水星得地金屋富貴

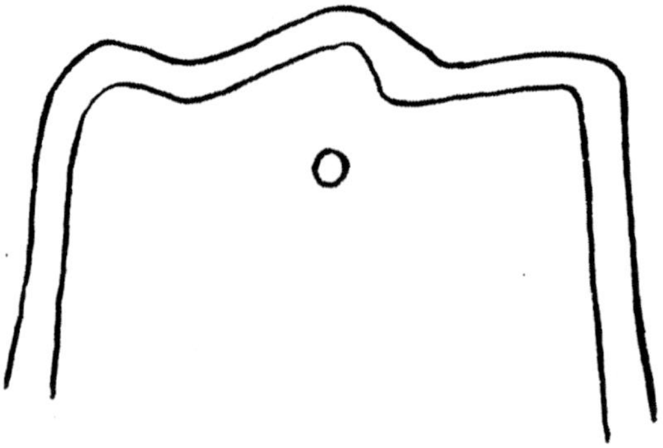

水星入土曲星冲
先主魁財福後生

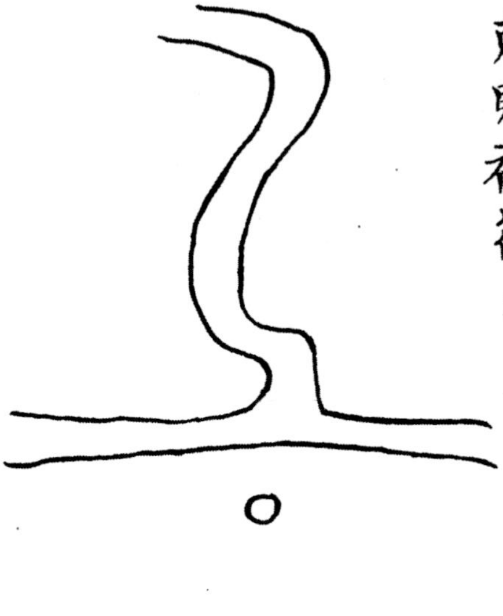

土星抱穴
富貴不歇

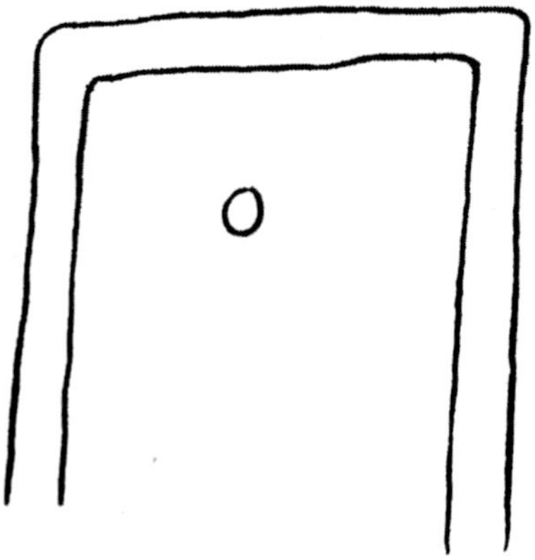

土星右轉来
家富足錢財

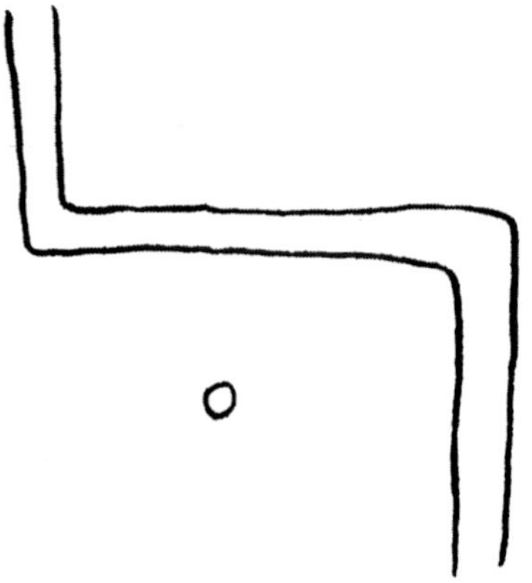

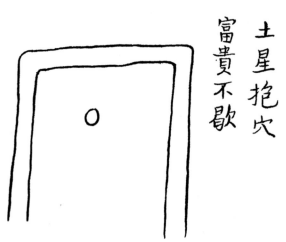

土星直去無廻意不久家門退又云一直如舟
不可安雖發貧窮不久年不問東西南北往
必然逃走不知端

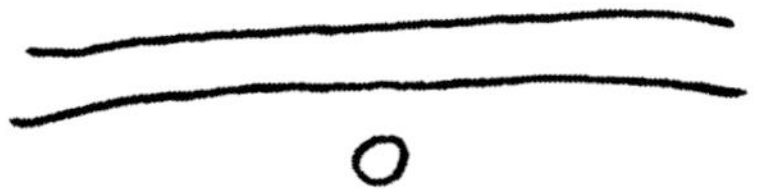

土城反去絶敗身家
貧窮淫亂軍配天涯

右火斜飛水坟宅不為
良有水來救助人口免
瘟癀火星若焰動公事
損妻房

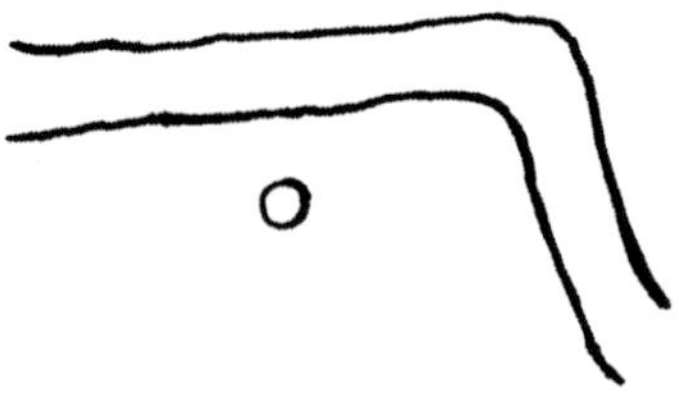

土城帶火
別離鄉土

外有木人來尅土家
內人辛苦雖然衣食
不求人嘗被外人輕

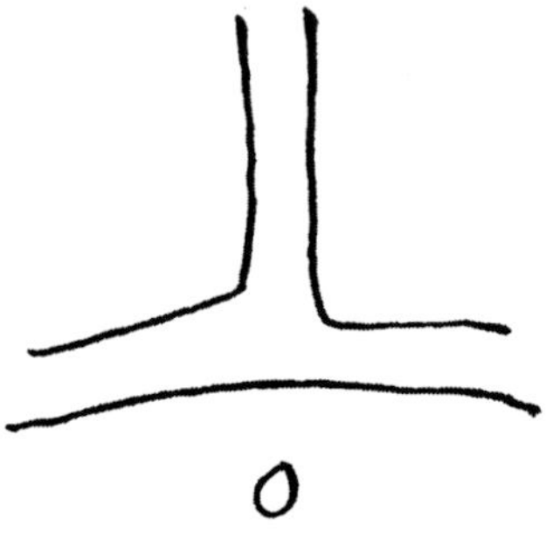

又云直木冲
門人口不存

直木如鎗公事横殃　又
云水城直冲穴中房必敗
絶前木後木冲軍賊犯刑
凶

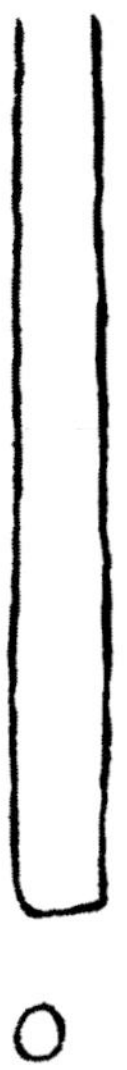

正木直行退敗動瘟
斜木不堪為下後主
生離

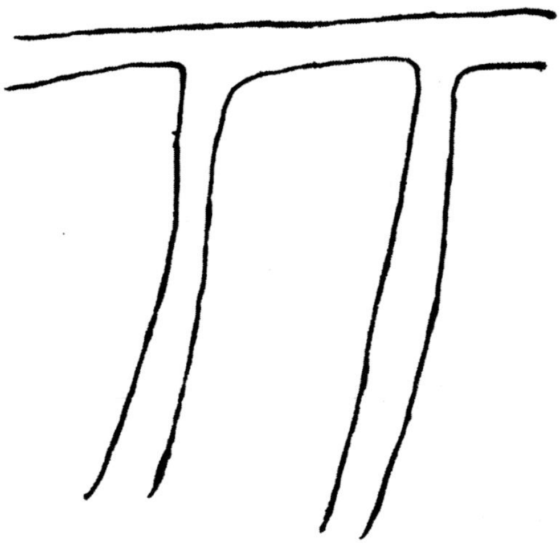

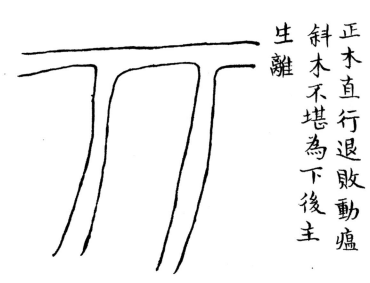

斜木來皆似火飛其中扦
穴豈相宜刼盜瘟災常自
有人離財散各東西

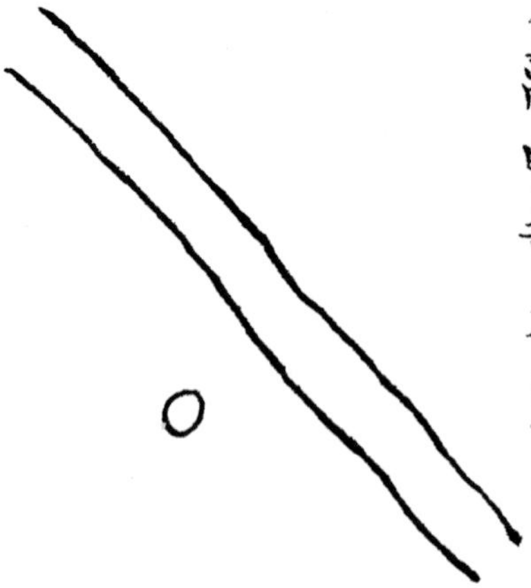

仝上

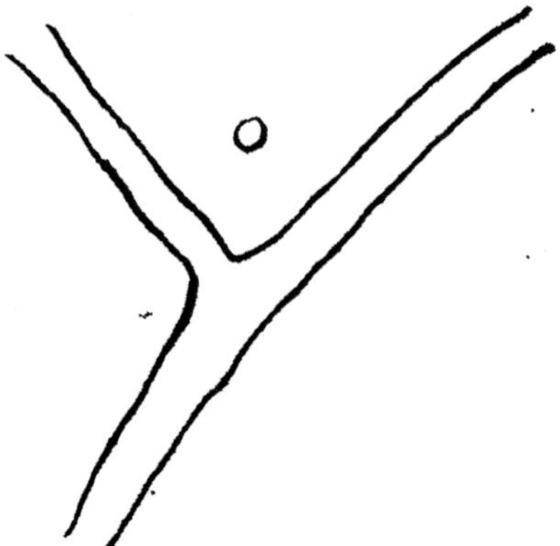

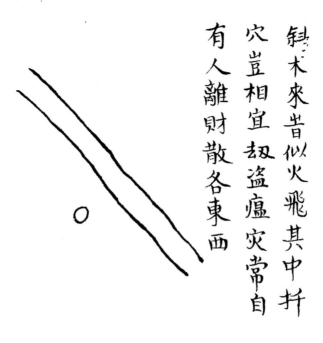

水似木叉瘟絕孤貧
尖砂隨水出子孫做
軍賊

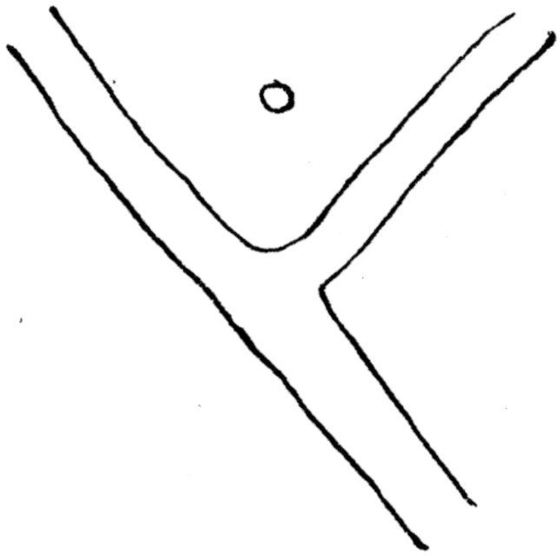

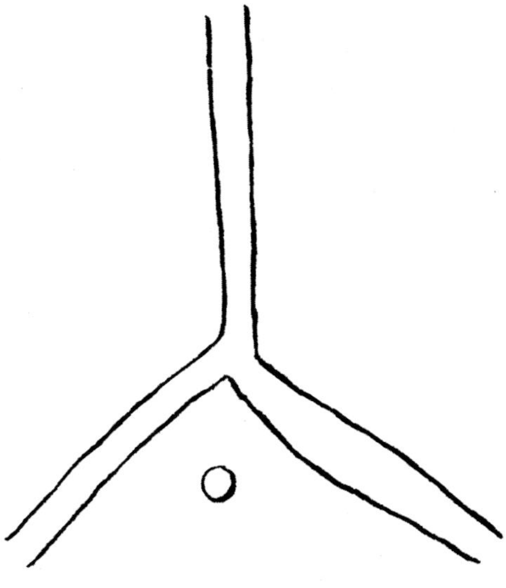

正火一名犂尖

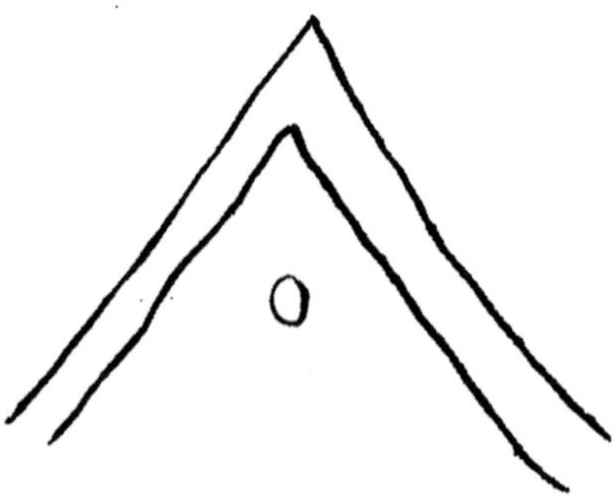

倒火

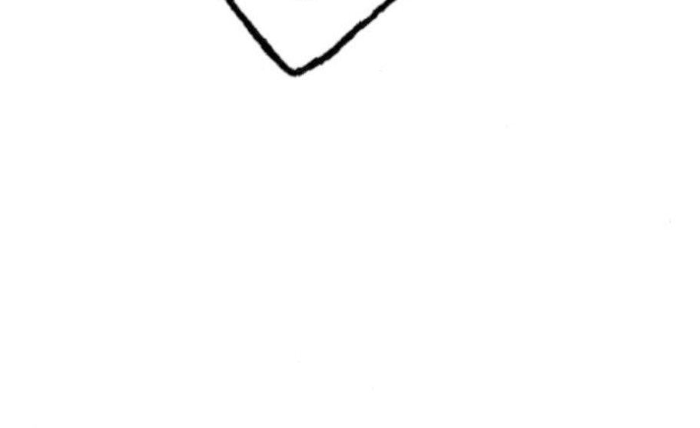

水城合掌
退盡好田牛

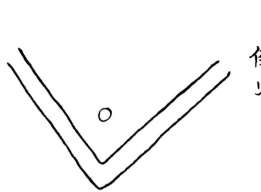

尖火射其身
宮刑絕子孫

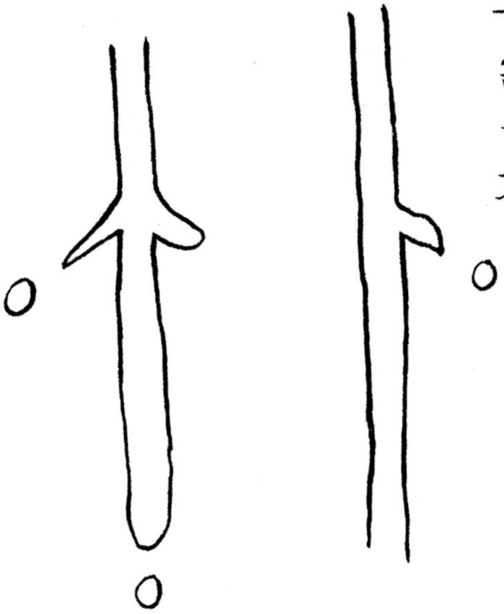

燥火焰〻動
老死無人送

火脚向外飛
走死不能歸

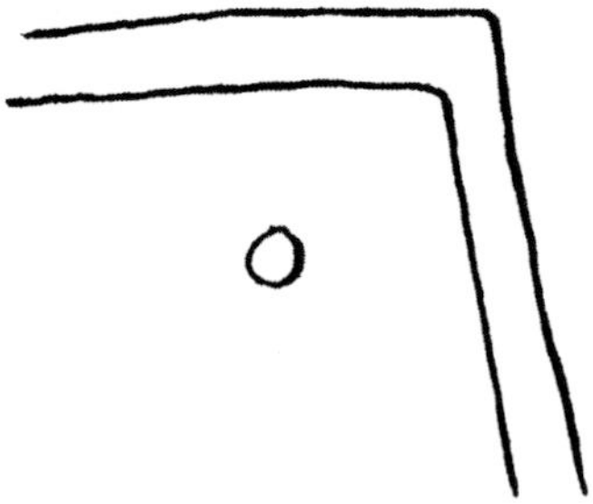

逆木順木官非碌碌
換妻寄子退盡田穀

火星屈曲飛無食又無衣

水城後反弓忤逆各西東
若还如此樣退盡主貧穷

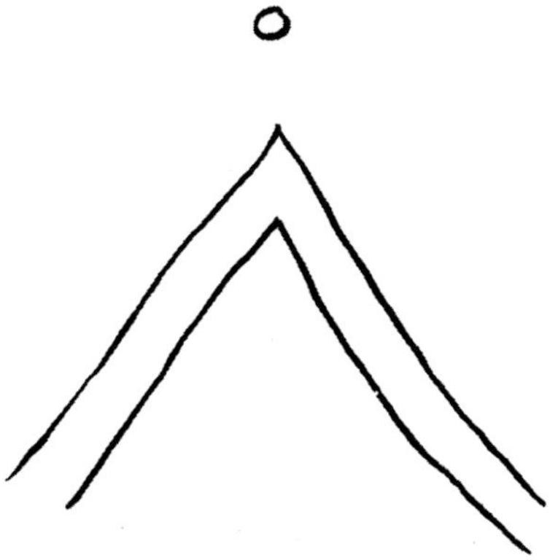

又云火城反去淫乱不良
家貧徒配絕嗣逃鄉

右火斜飛兄偷弟婦
左火斜飛弟偷兄嫂

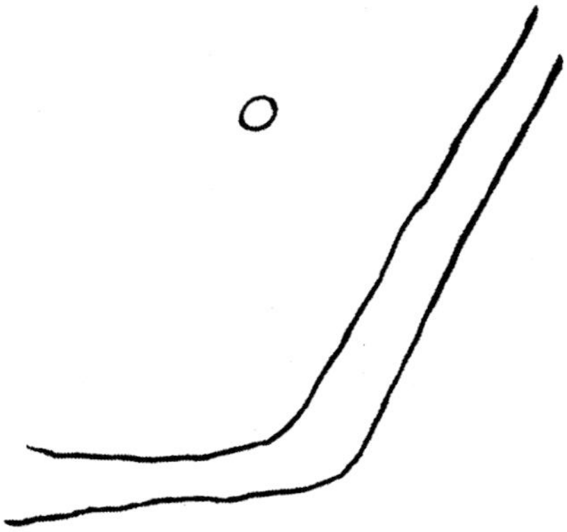

刀鎗之水反射身徒配遠充軍
又云子孫忤逆面前八字水流

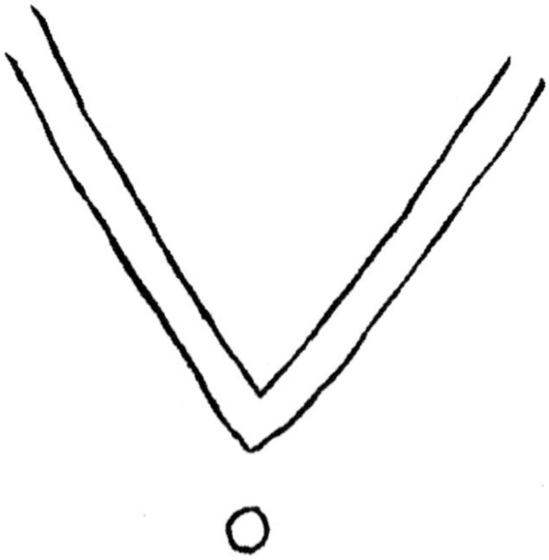

右火反飛逃走東西

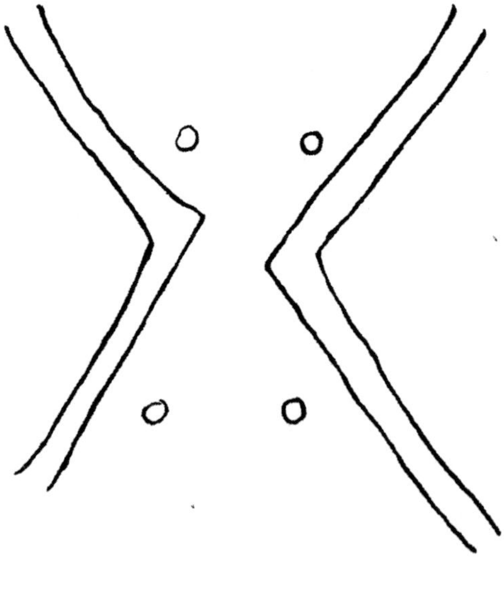

左火斜飛軍賊傷亡
逃移外死絕子無依

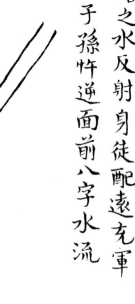

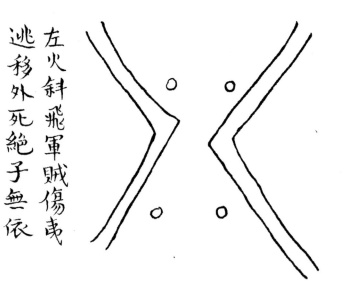

論四獸

朱雀之前三水反男盜女淫无衣飯

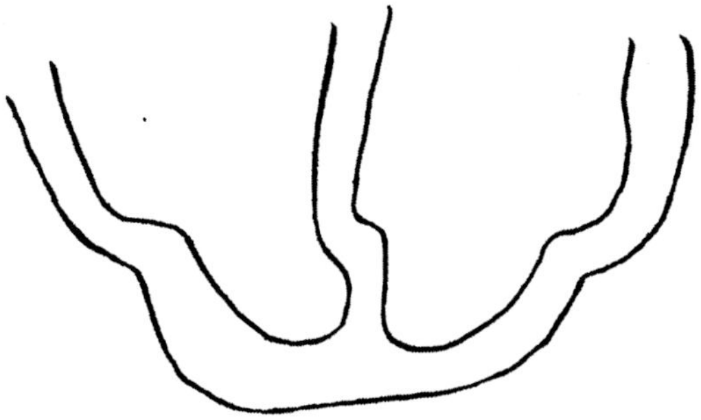

發福久長定是水纏玄武

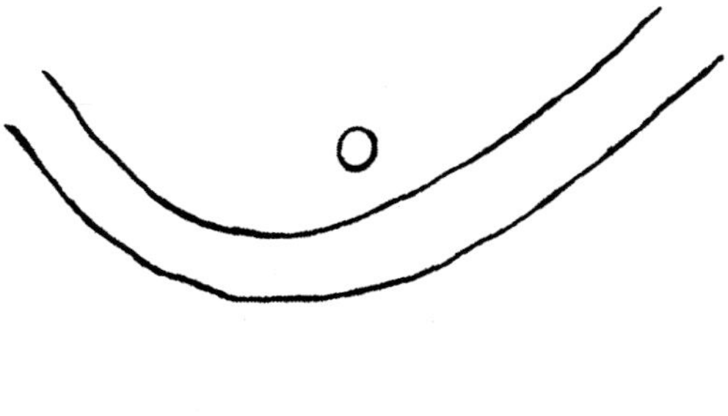

玄武之水有湖池
定宅安坟福禄宜

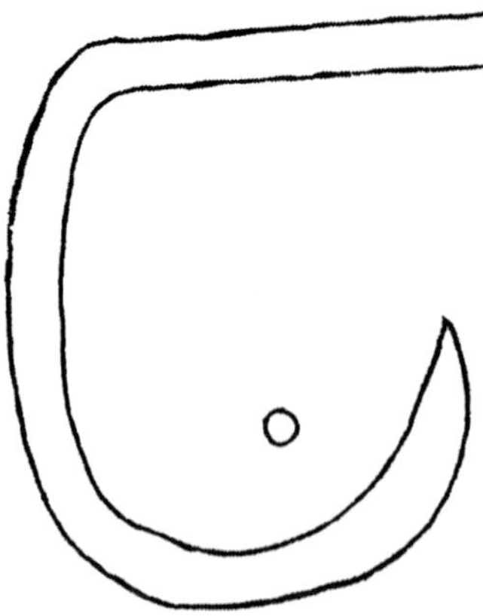

坟後有水西三抱
為官悠久家長好

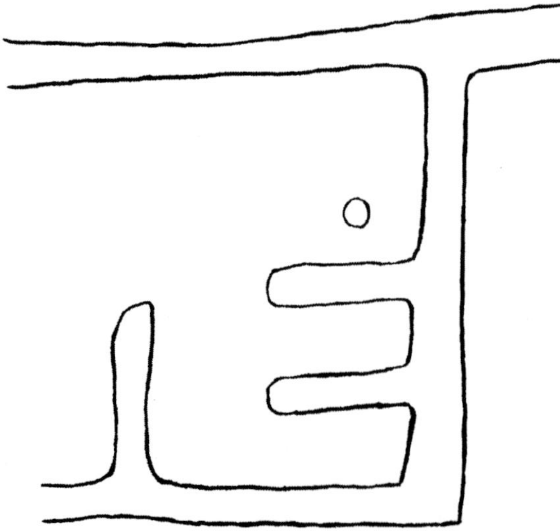

水冲玄武頭枷鎖去為囚
又云前丁後丁主絕人丁

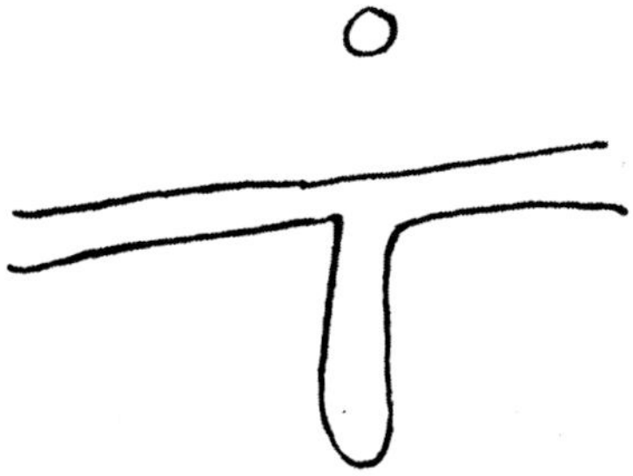

玄武吐舌水風吹
絕嗣官灾少死隨

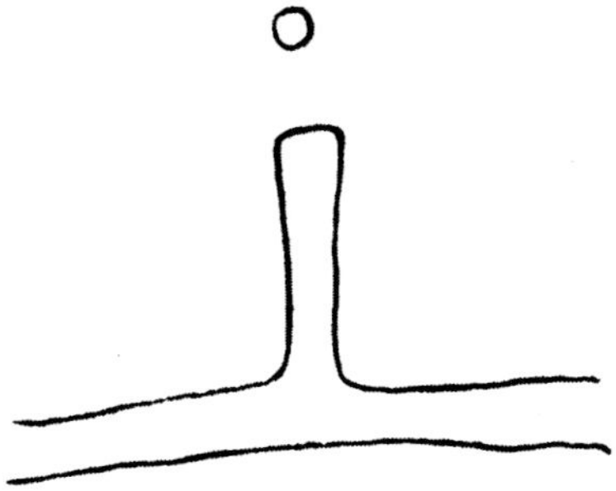

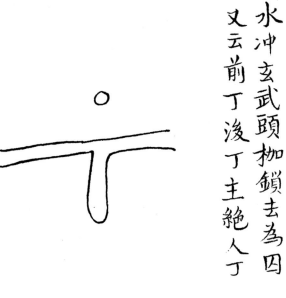

揪裙之水本無情分開兩脚
惹人心

玄武之上
有水冲其
家絕子媳
淫翁

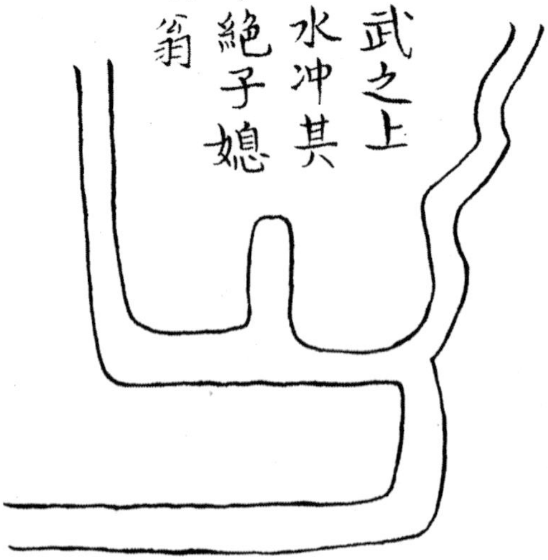

兩邊龍虎灣抱富貴雙到若然
点穴得其方神童定作狀元郎

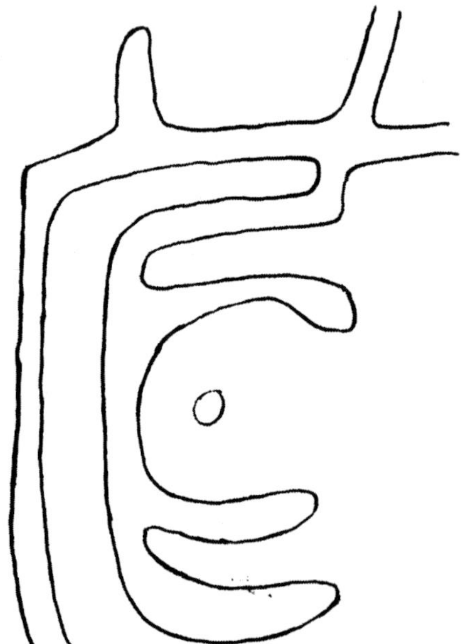

青龍水轉抱其身
須知此地出官人

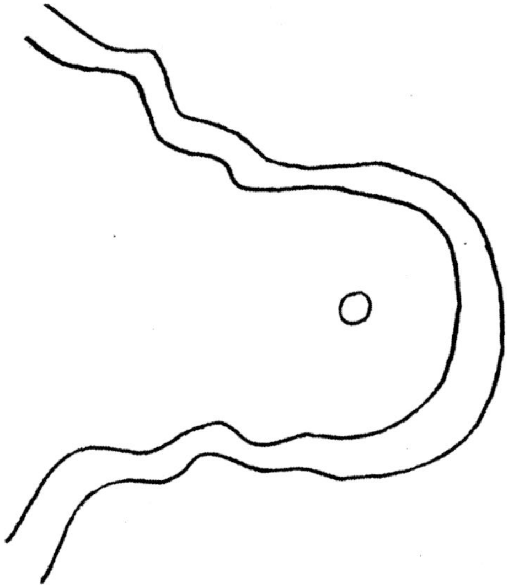

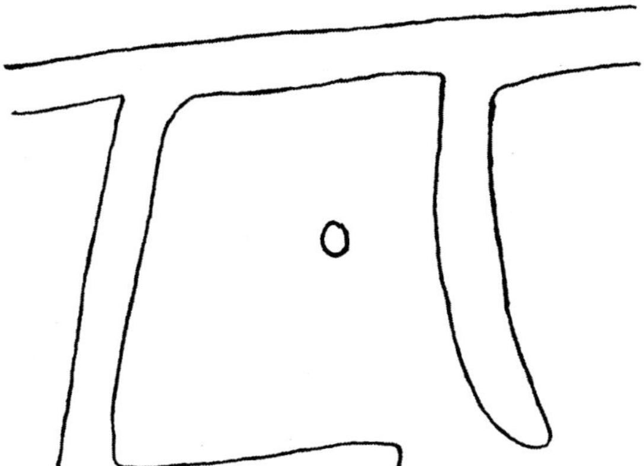

又云水口無山閉先賣爹田地
出賊敗亡凶流配爲邊戍白虎
水如飛不久便逃移

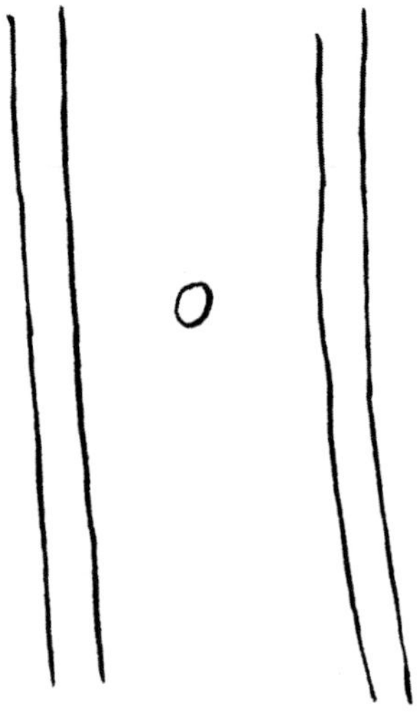

青龍直走如飛去代代
人難住

又云有子出家定是
水冲城脚

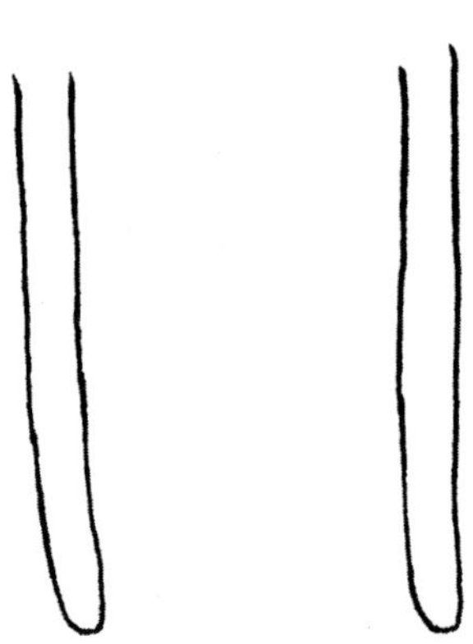

水打青龍頭長子
命先憂

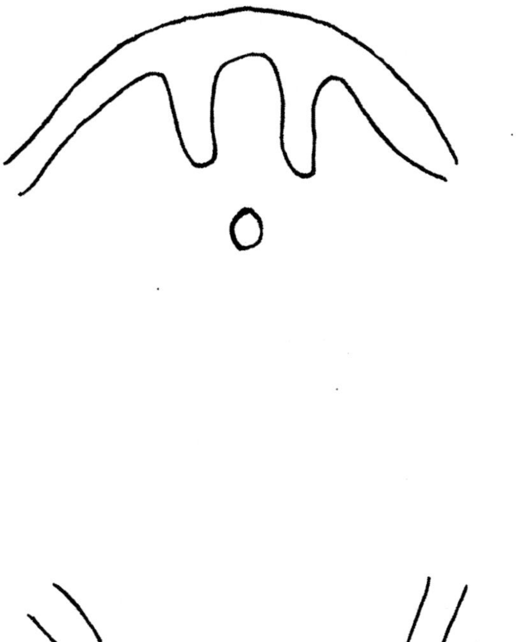

白虎啣屍鰥寡無資
少亡絕嗣橫天扛屍
又云右関
水為灾陰
人定損胎

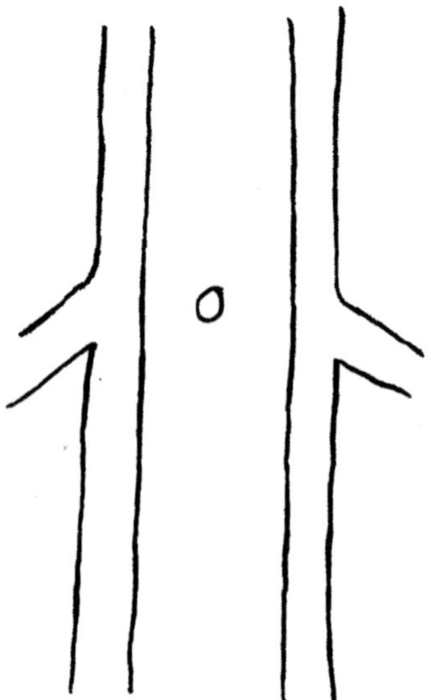

青龍吞塚瘋盲炊腫
橫夭痴呆離鄉絕種

白虎冲腸少子刑傷

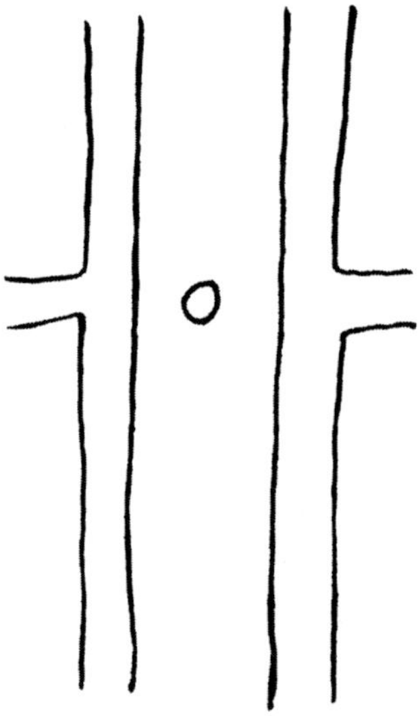

青龍冲腹長子瘋疾

白虎啣屍貧老無兒

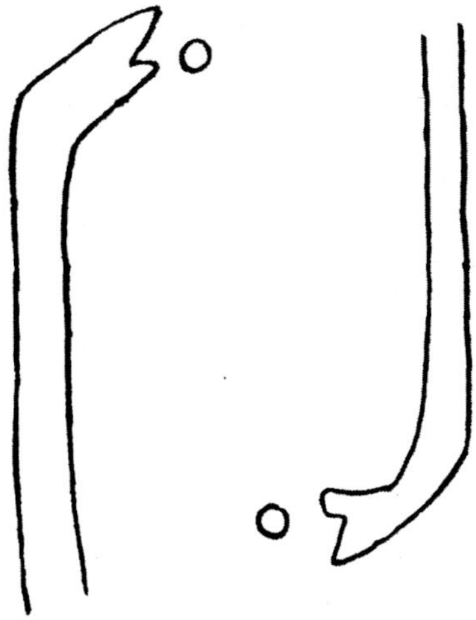

青龍吞塚憂惶種種

青龍之水抱坟塋

出人富貴不須憂

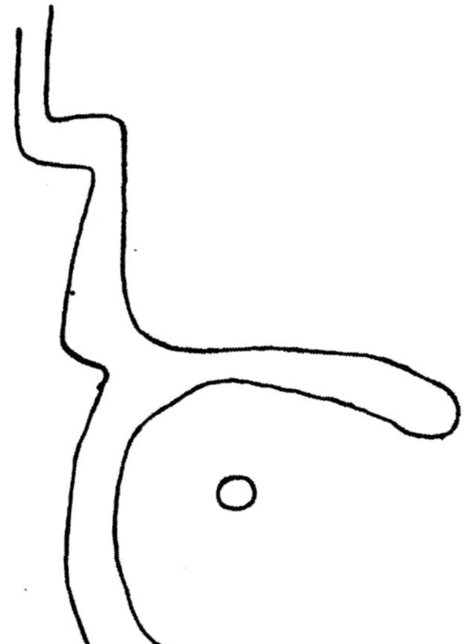

青龍之上一源来此地安坟任点裁
更得後河多積水代代兒孫鮮状才

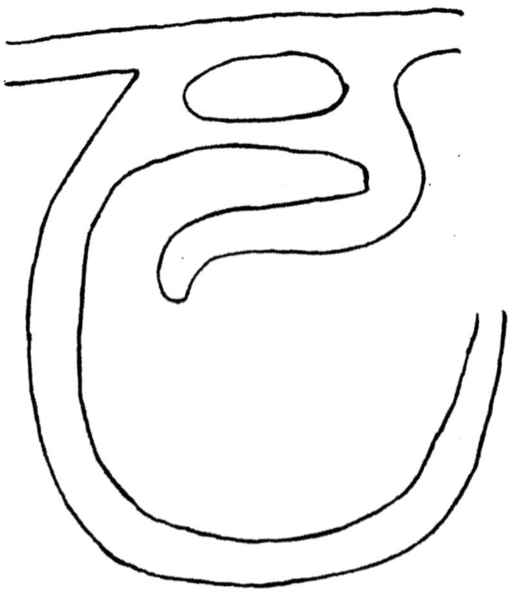

青龍抱体足堪誇
其家年少達京華

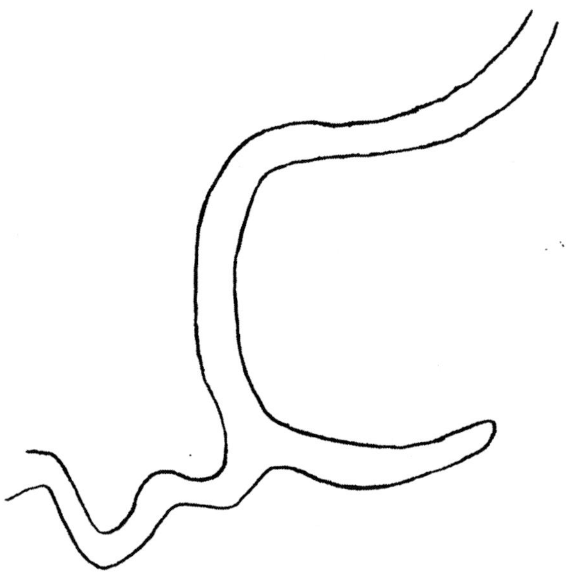

青龍左轉抱其身
富貴有声名

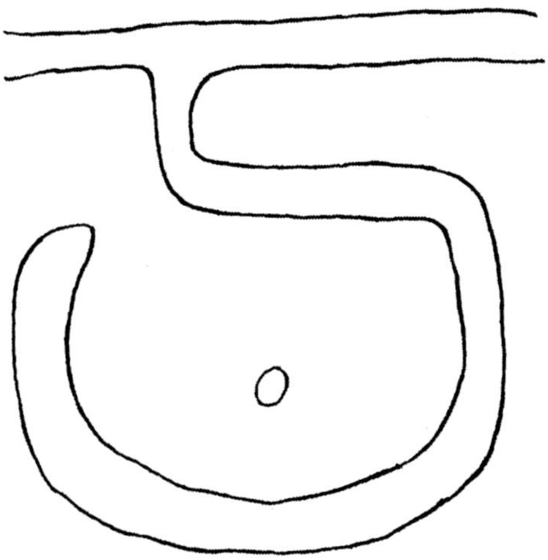

青龍灣轉如牛角
兒孫代〻登紫閣

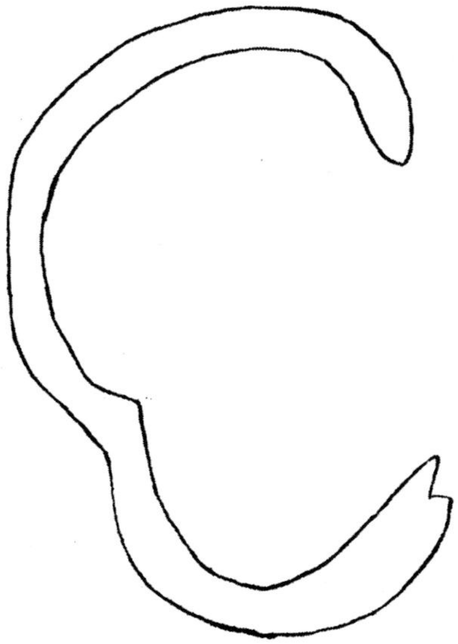

青龍灣抱穴
富貴廣田庄

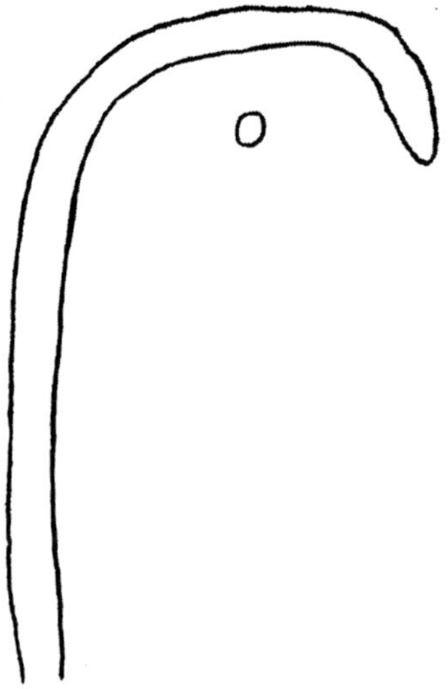

青龍水似龍富貴比石崇
屈曲門前照子息侍王宮

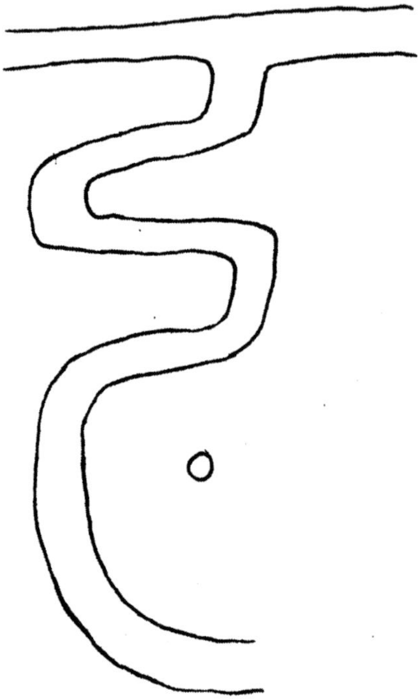

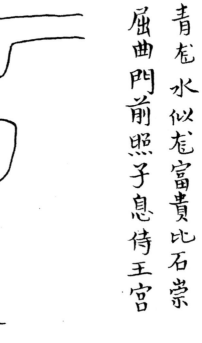

青龍屈曲抱身来
世々兒孫入帝臺

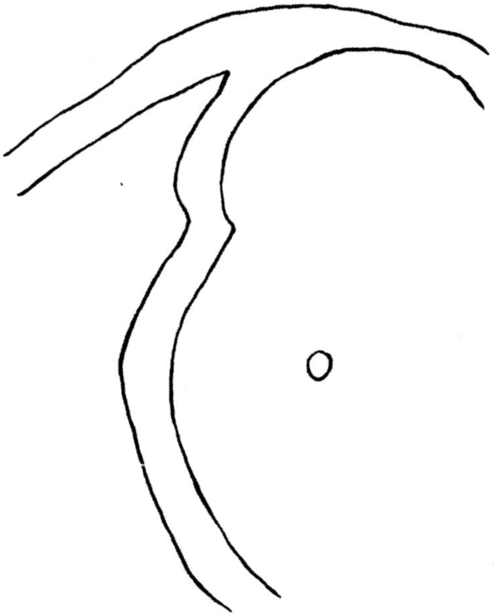

青龍水反逆子孫無官職
若扦此地誤殺人

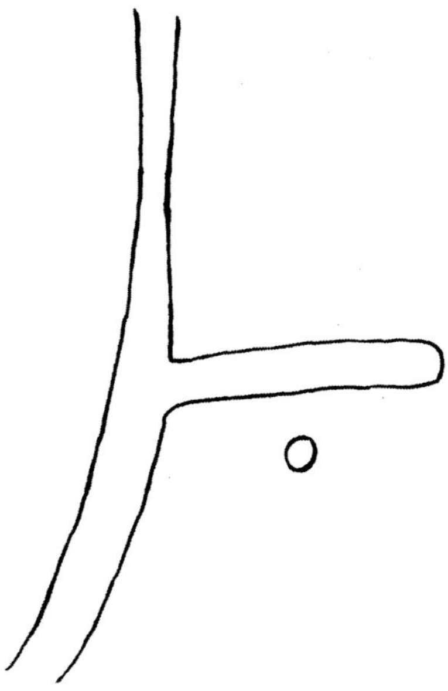

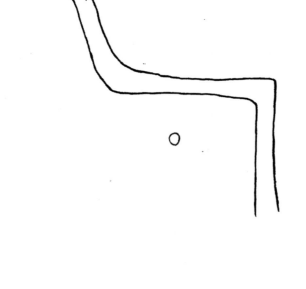

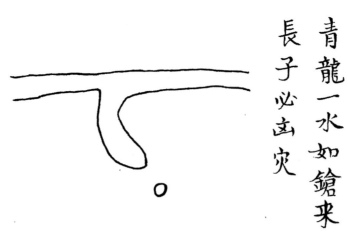

青龍一水如鎗来
長子必凶灾

青龍射入子孫傷死
并軍賊

青龍頭上水反飛
家破并人離

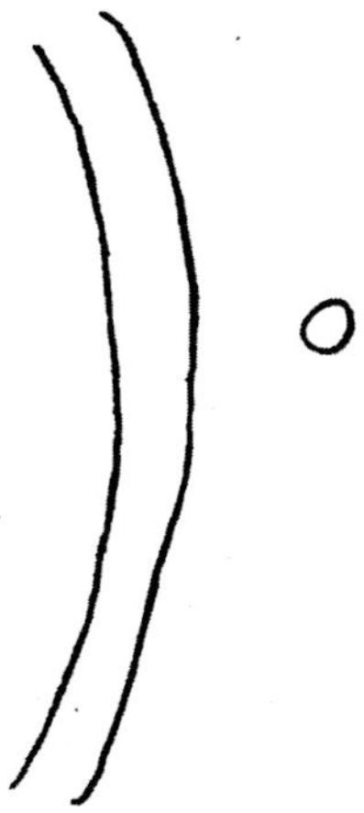

青龍水多破下後
生灾禍一名金吾
箭主瘋疾破敗

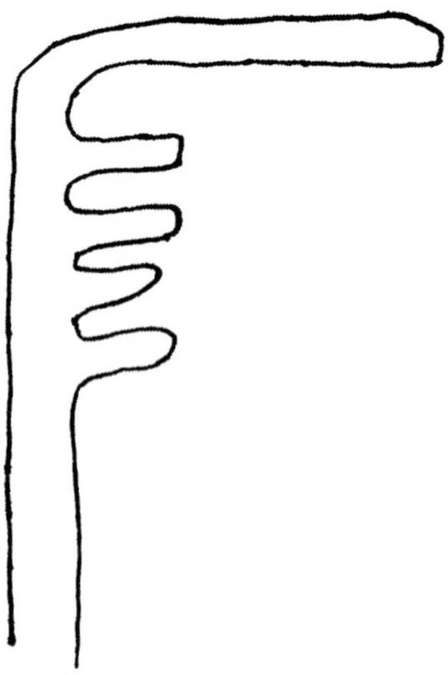

白虎水抱両三重
兒孫發福永無窮

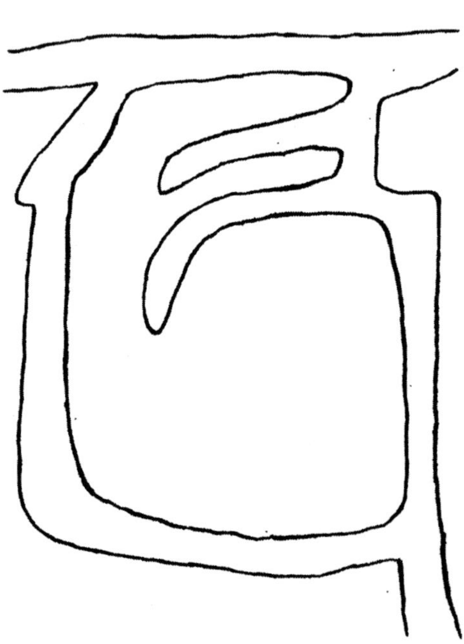

白虎位上火地兇
衣食永無憂

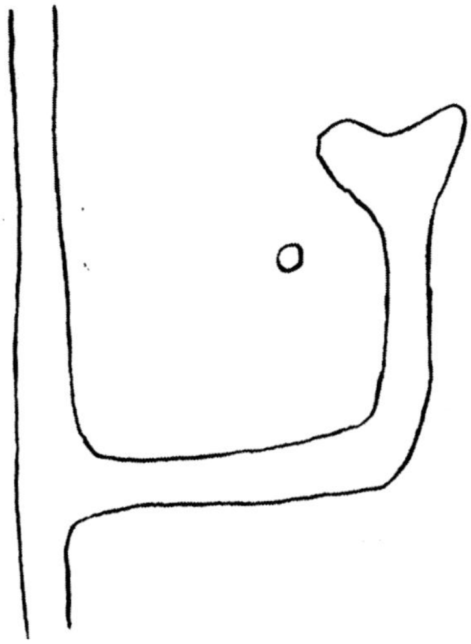

虎水象牙刀
児孫掛錦袍

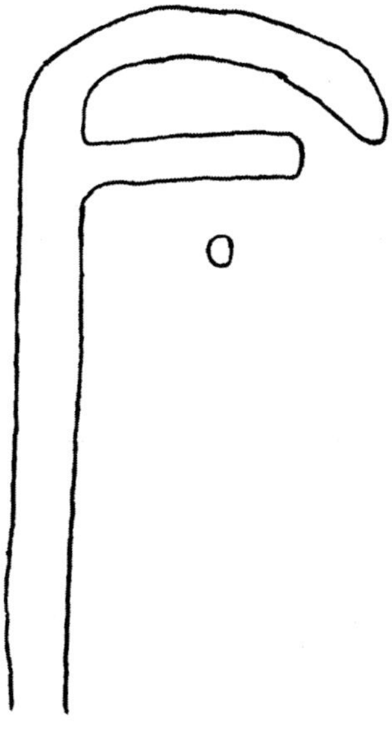

白虎繞如帶
代〻官不壞

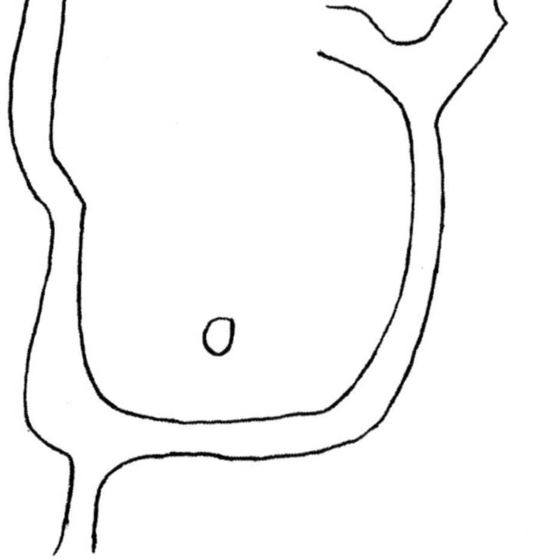

白虎有河尖寡
婦招郎賣盡田

白虎一水去如飛子孫
代〻主逃移　又出盜

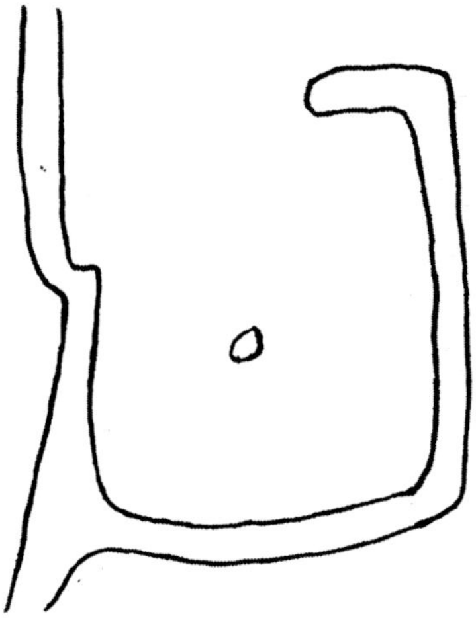

白虎勾来對着坟
子孫為盜又兼貧

敗關之水白虎来
瘟火及官灾仝上

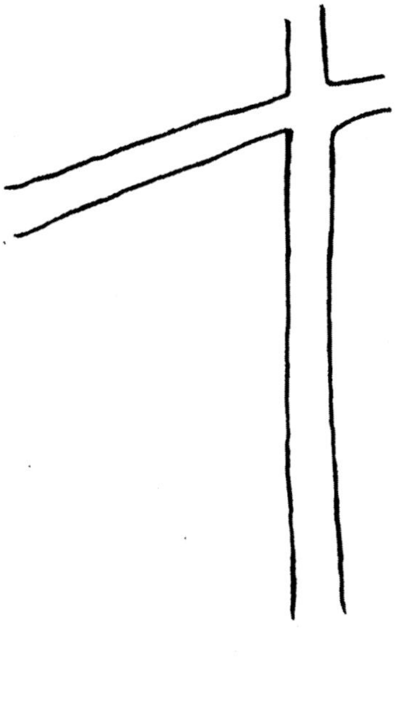

右邊砂水利如鎗
必定子孫主殺傷

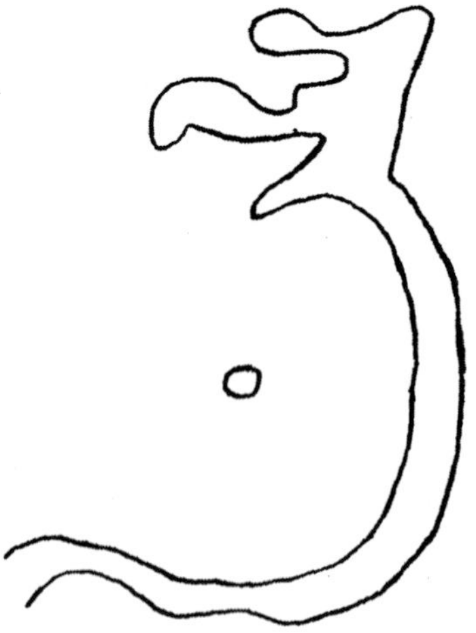

虎口河尖當面至小子賣田地
官事頻頻禍患凶長子橫亡貧

論形局

水見三灣富貴安閒
水若來朝家業自豪

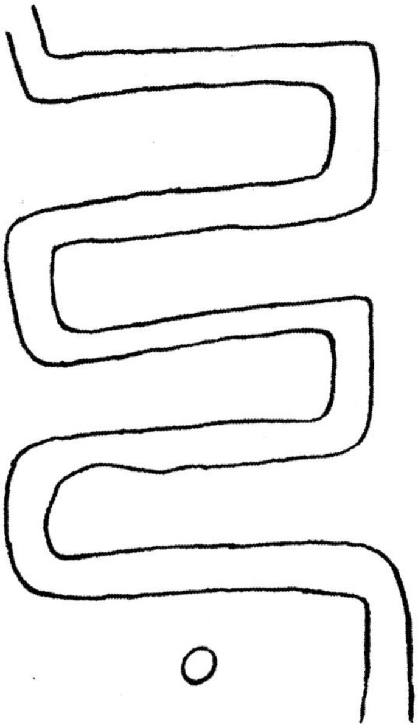

又云貪狼之水面前朝子孫
代代出英豪不問去來併前
後官居臺閣五雲高

仝上

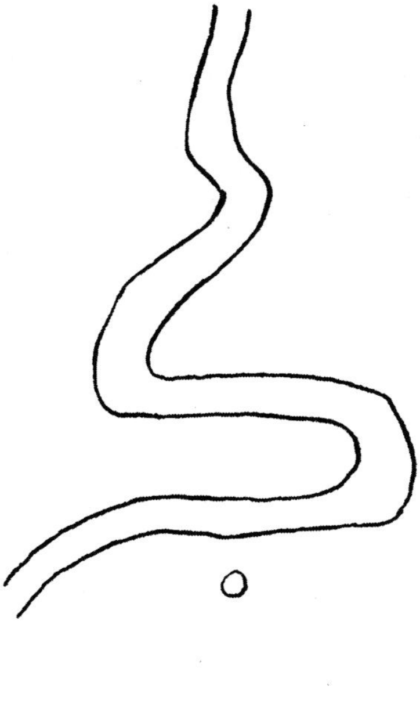

之玄屈曲應門前
富貴兩兼全

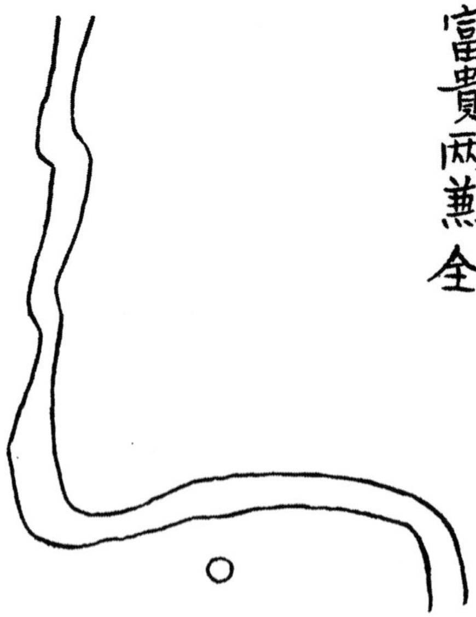

若扦此地官顯朝班

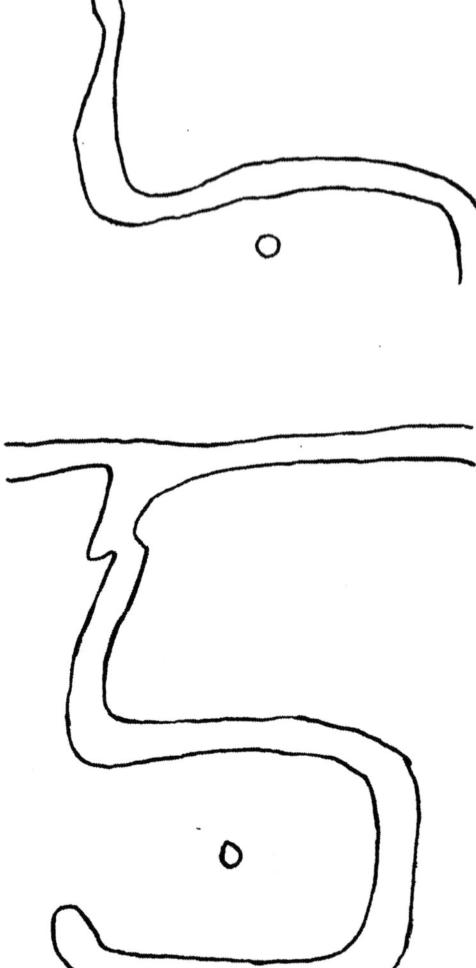

水從左來穴居右
富貴而多壽

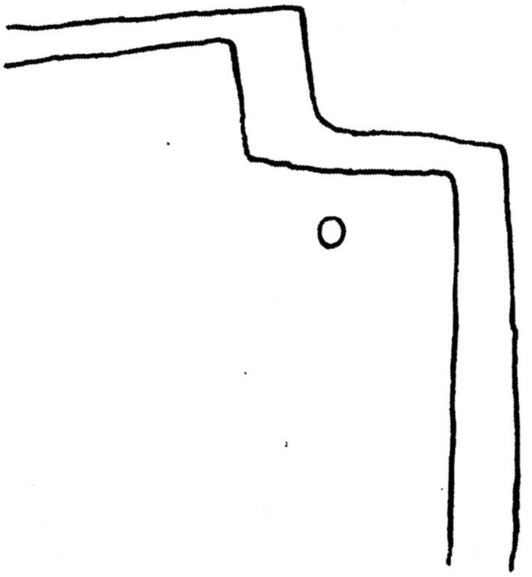

水從右來穴居左
官高居兩府

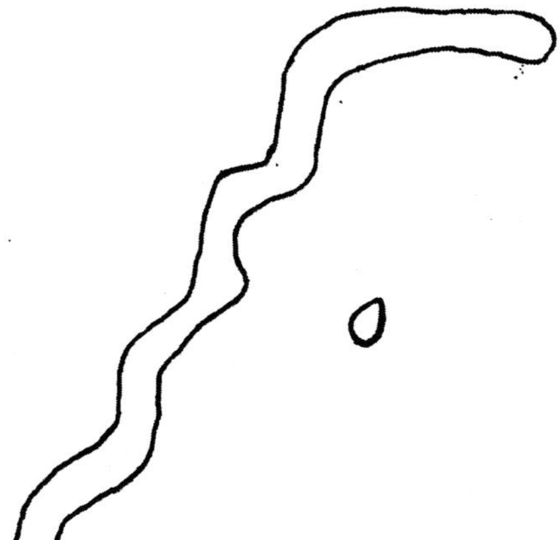

龍虎兩相閘忤逆多凶咎
父子不相親兄弟如寇仇

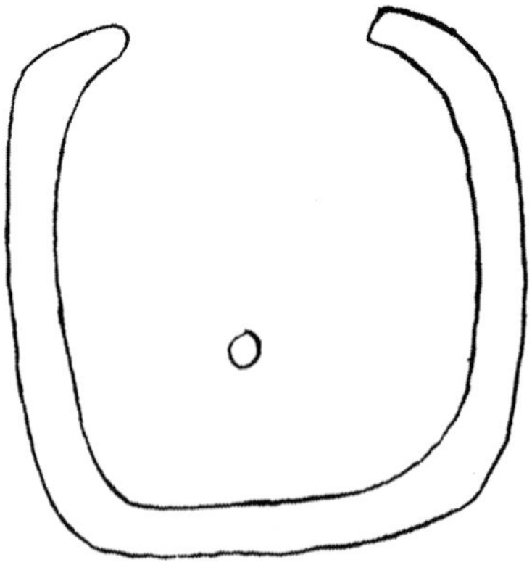

左右水直无收兒孫必主憂愁
雖然有水後兜定无子息守垃

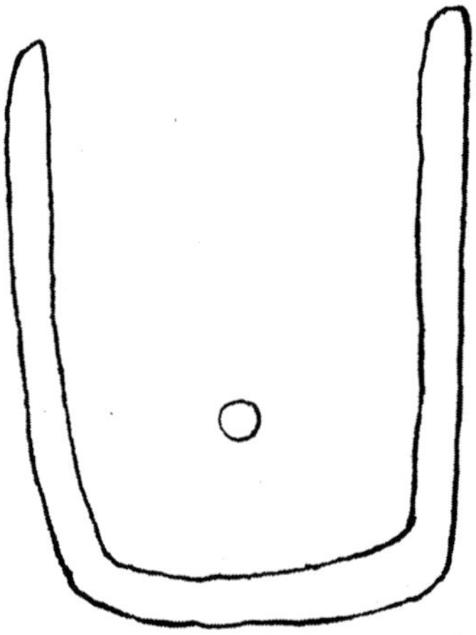

大吉水来朝
家業自然豪

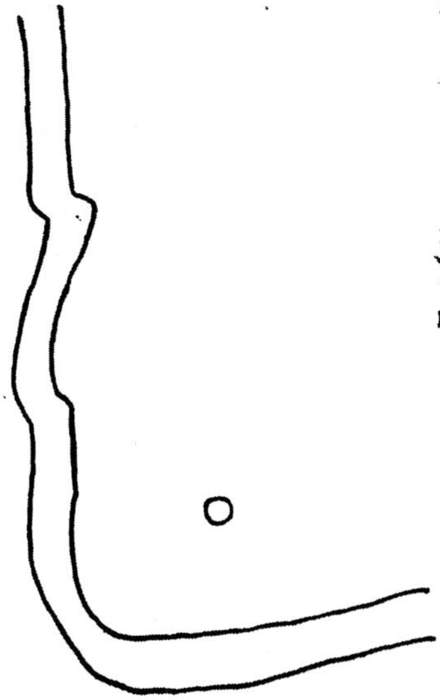

水似生蛇此穴㝡佳
若逢二穴富貴儒家

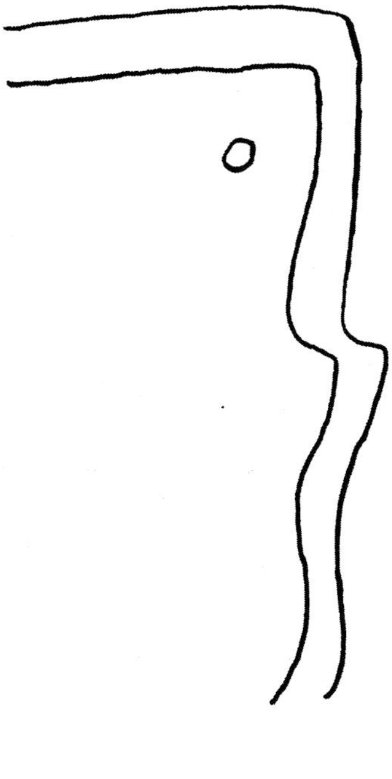

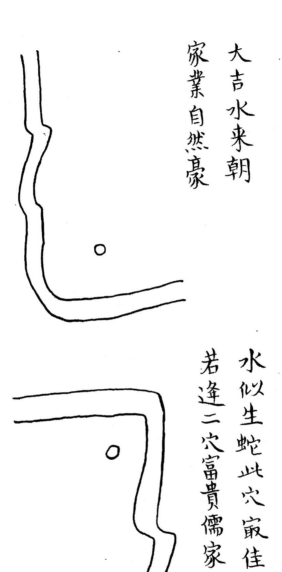

右畔有池塘
富貴永無休

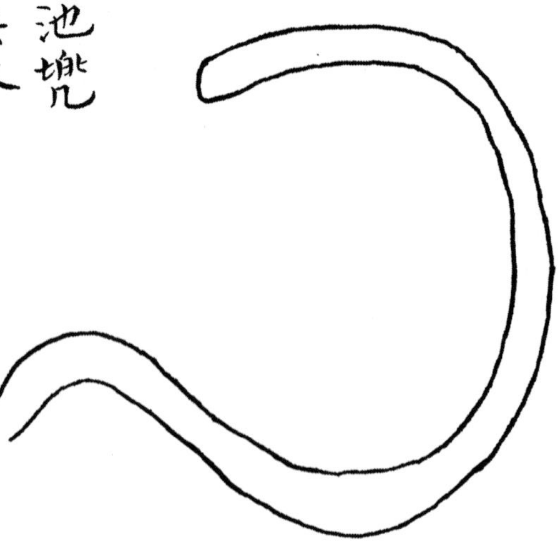

廻龍之水穴居灣
為官不等閑

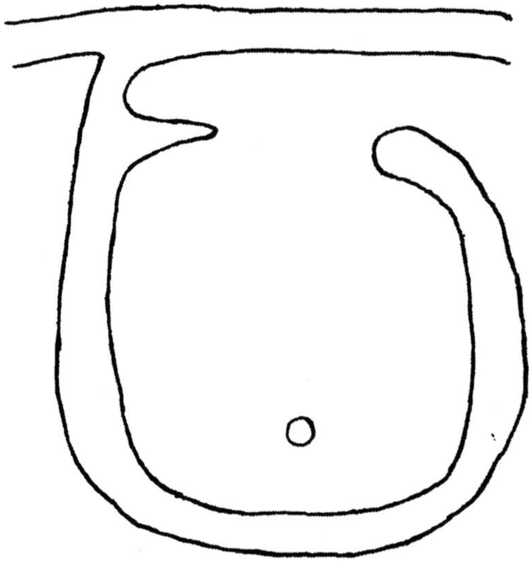

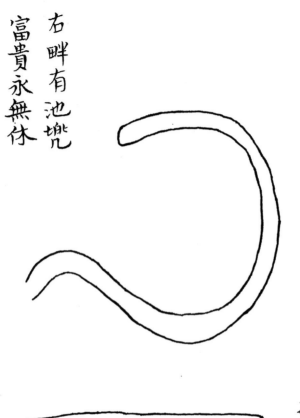

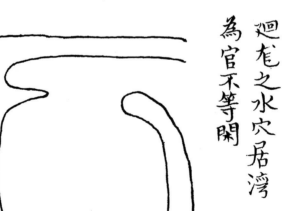

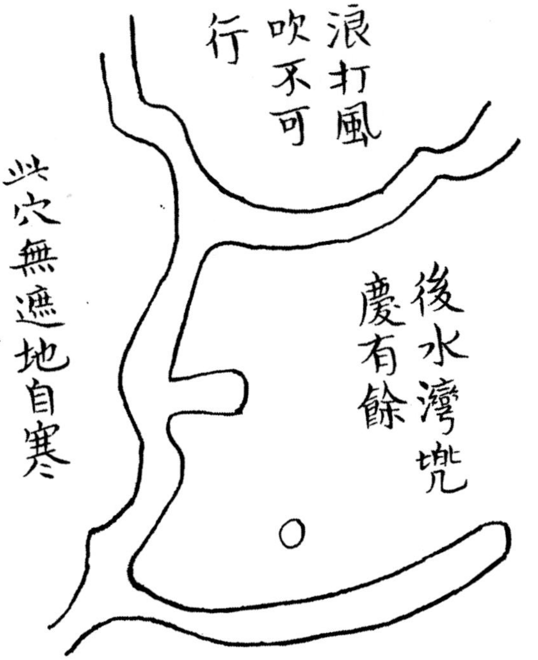
浪打風吹不可行
後水灣兜慶有餘
此穴無遮地自寒

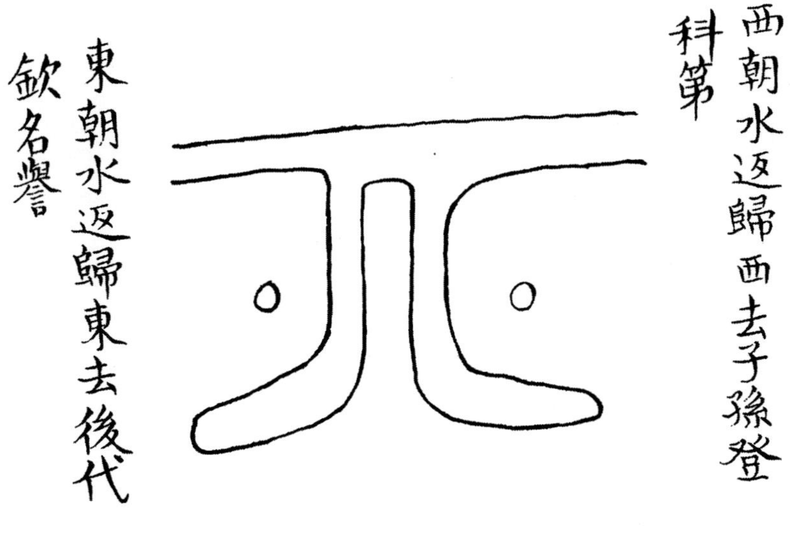
西朝水返歸西去子孫登科第
東朝水返歸東去後代欽名譽

右邊二水抱
家內足金宝

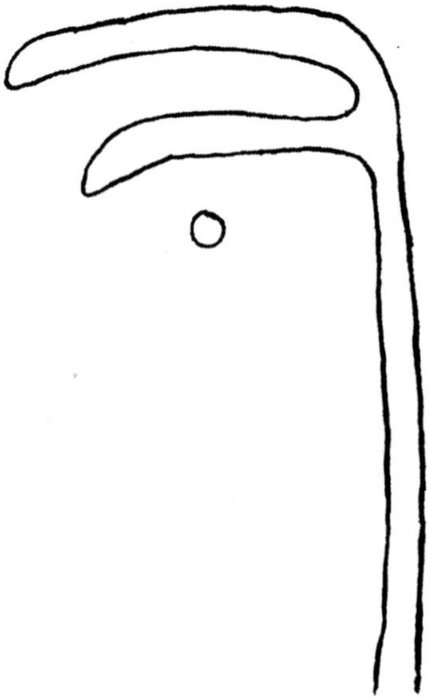

右水若勾身子
息投軍必殺人

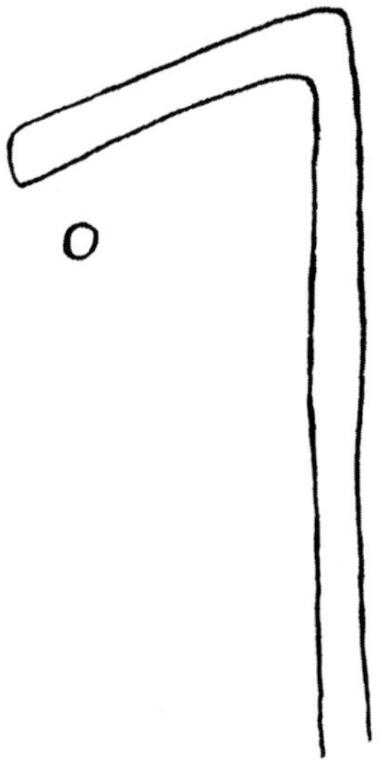

冲射

有子出家只為水冲城脚
面前如華柱子孫離鄉去

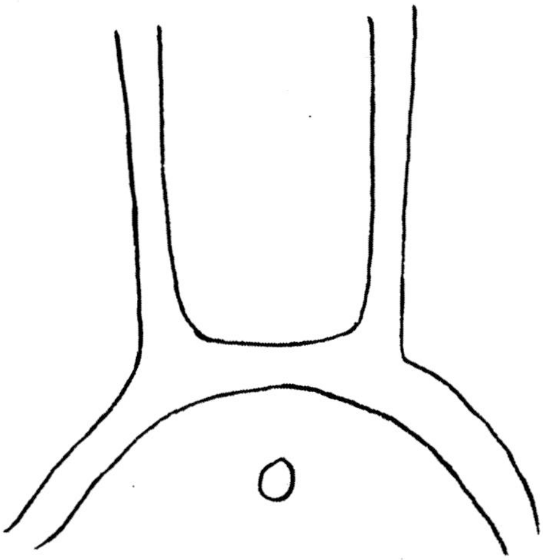

二水不宜長
尅土主離鄉

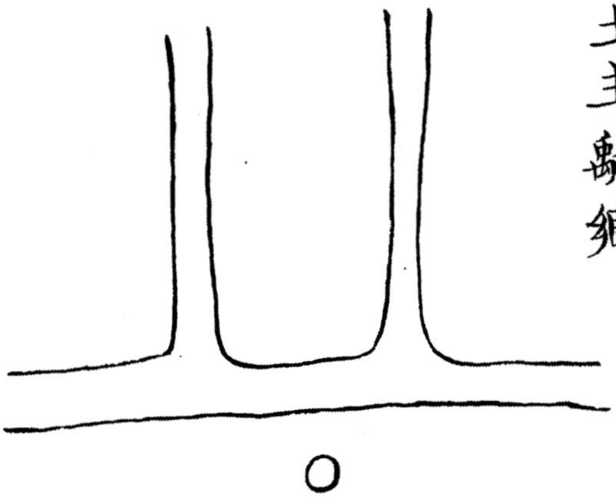

水若冲關孤寡单寒如居前案人死無棺　又云前冲之水兩分流有井當中淫不休

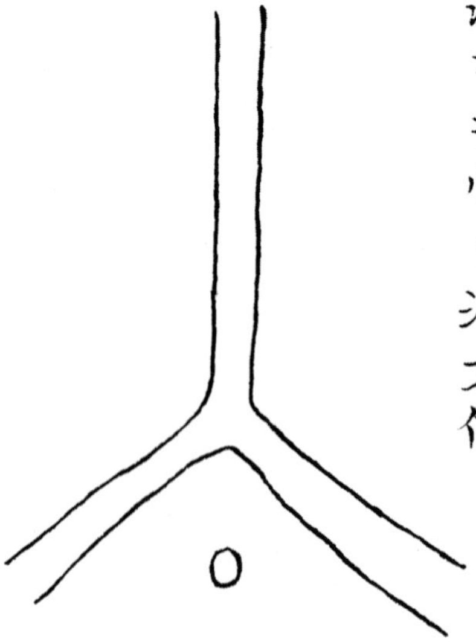

坟前一水直冲穴下後兒孫必定絕

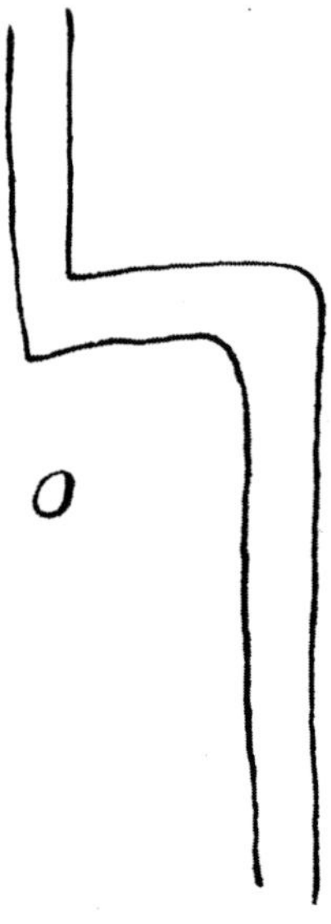

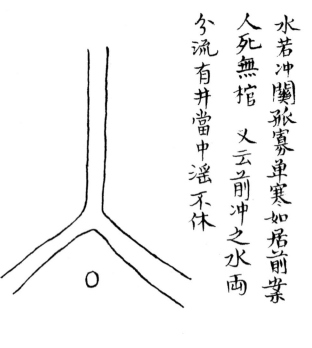

前面水沖穴
下後子孫絕

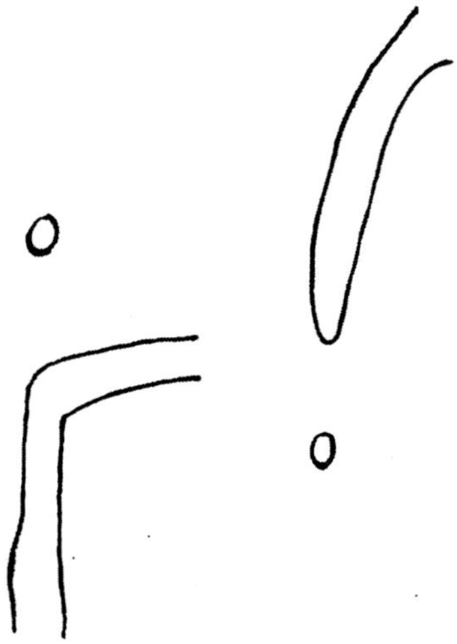

後水若沖来暴富出刑灾
若居一代後過房絕嗣衰

水沖龍臂須看来勢
平処还可若高不利

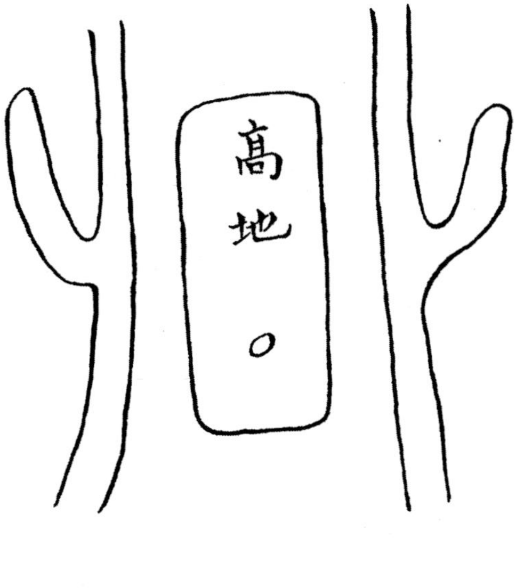

有水沖脇来瘋患損人
財左沖殺長右沖殺小

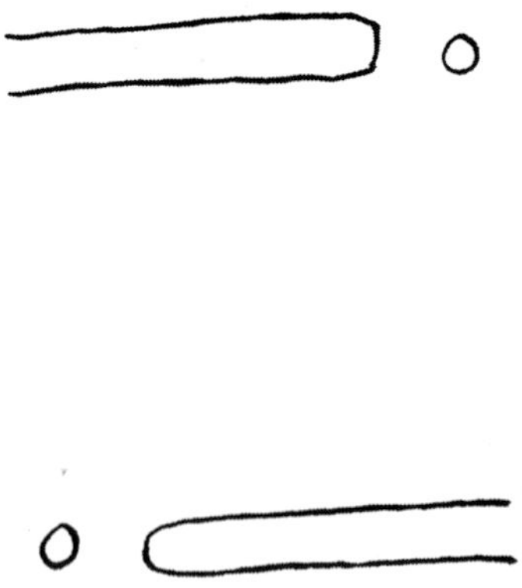

水流灣曲射佳城
子孫僧道点家貧

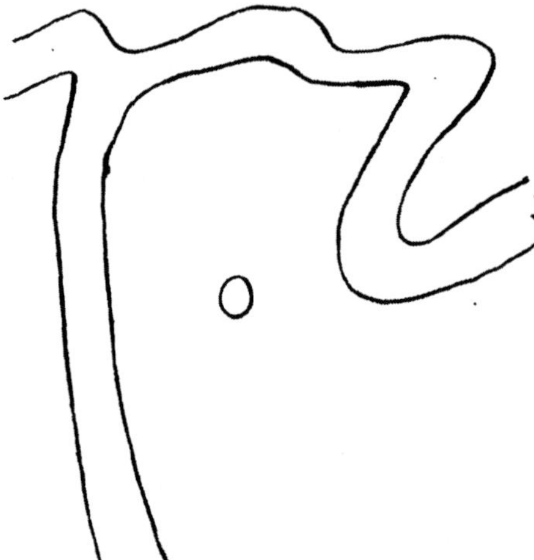

龍虎分飛父子東西又云乾
風打艮風吹不久流移定不回

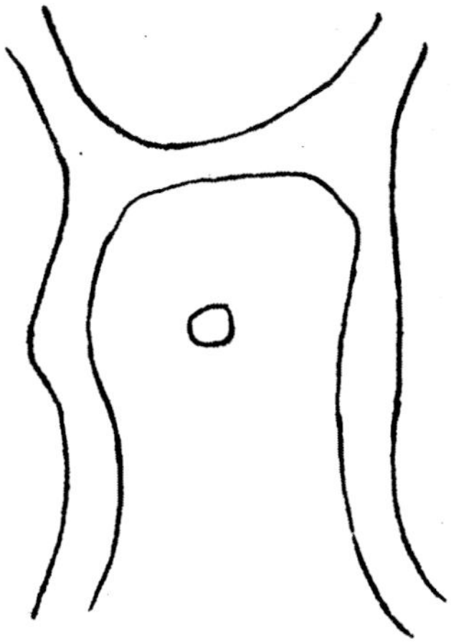

水穿虎眼東西西畔
更破城門人財星散

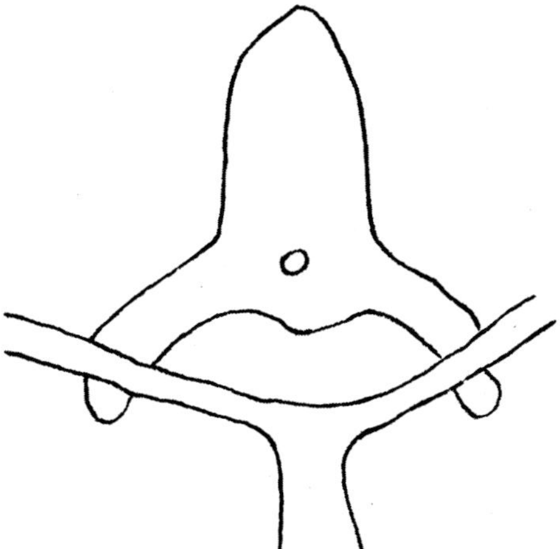

左右分張徒配離鄉
朱雀拖嘴官事敗亡

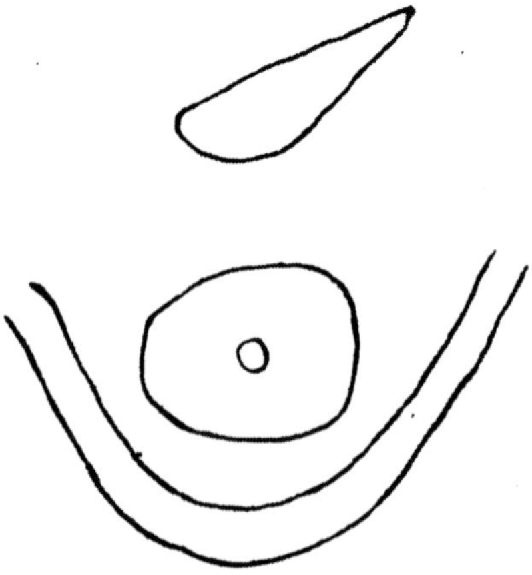

朱雀之水兩分開災禍日：來
又兼溪乱無男女何須将眼覷

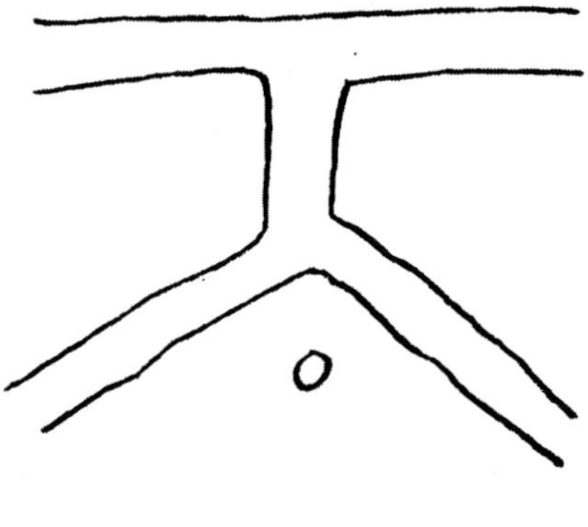

水来生浪如蛇走人倫
敗乱家財有

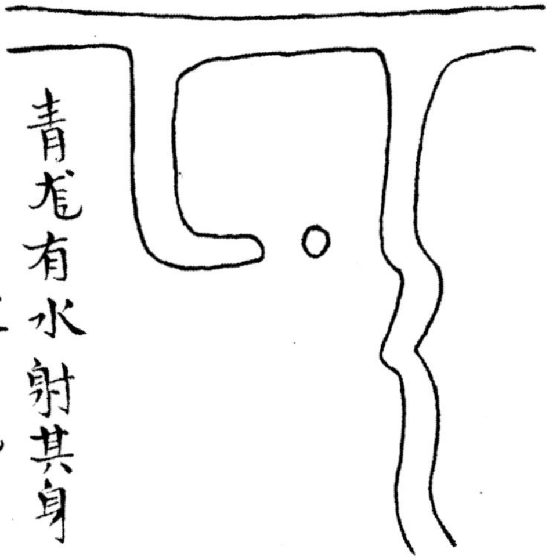

青龍有水射其身
子孫刑獄主充軍

乾水支流子孫
後休

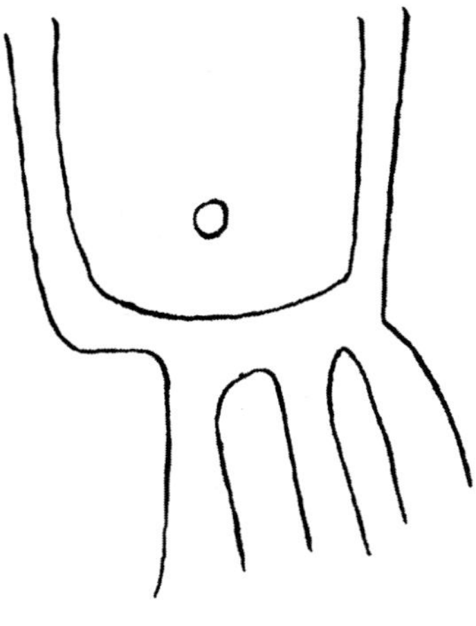

水向乾流必出賊頭

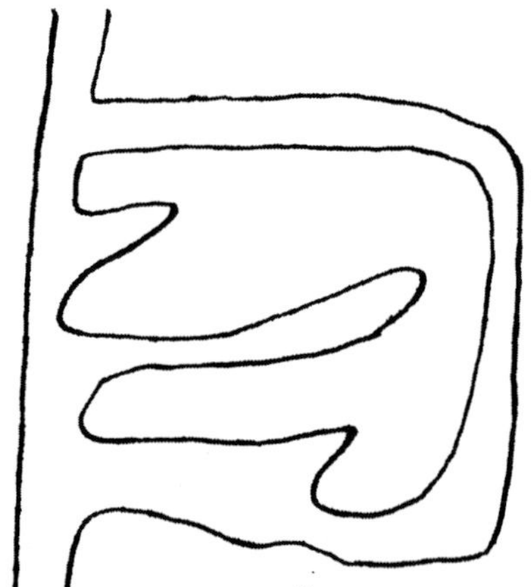

前砂順水似飛旗
金火相刑誰淂知

坟前有水不相顧常招
女壻當門户

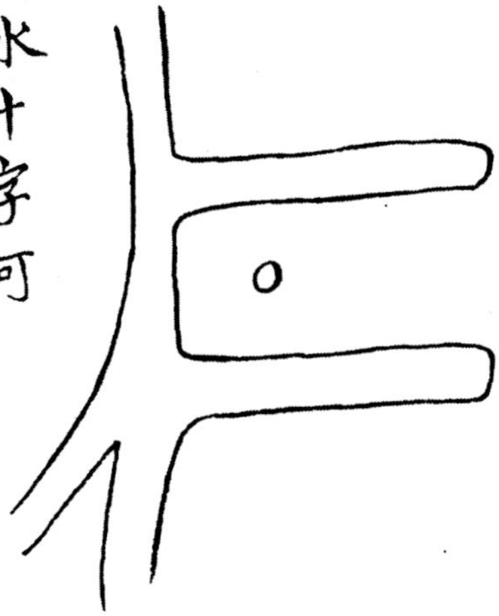

坟後艮水十字河
子孫風疾受災磨

長河一水通舟直兩邊不許安坟宅
若有人家安坟宅子孫遊蕩為軍賊

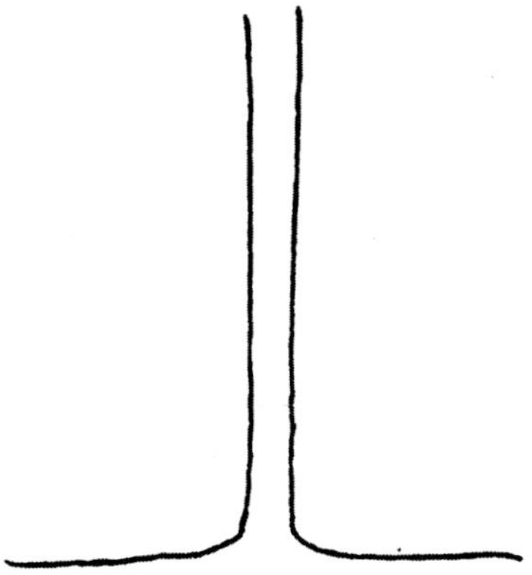

水若迴頭去不歸必定主
分離勢如火燄遭凶死家
業盡成灰

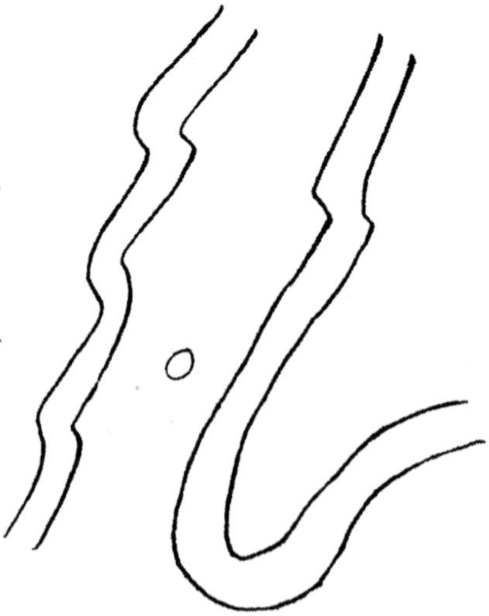

明堂屈曲斜飛水賣盡田園終不起
初来車馬滿门遅下後貧穷無鈔使

五馬五方馳水散似分尸
明堂若端正臨刑赦放歸

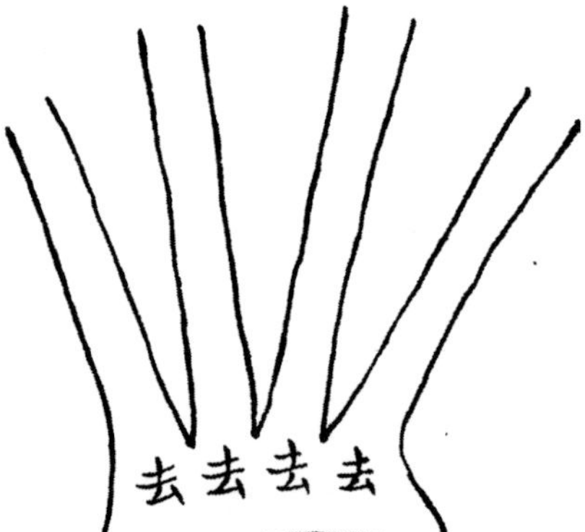

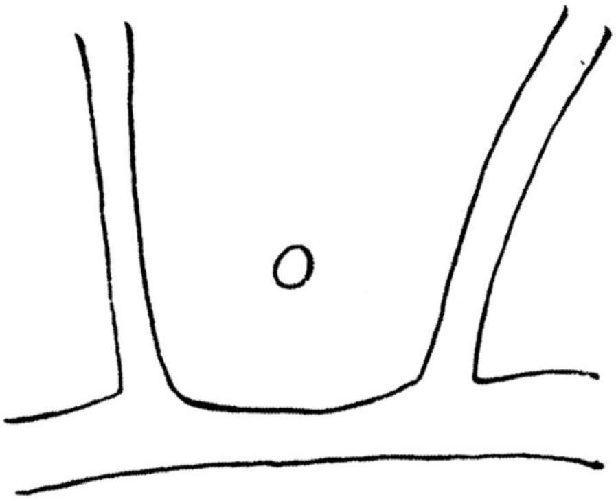

右邊反无情逃离又充軍

朱雀反弓㐫冲張子孫忤逆打爺娘
自吊風声公事起損男損女賣田園

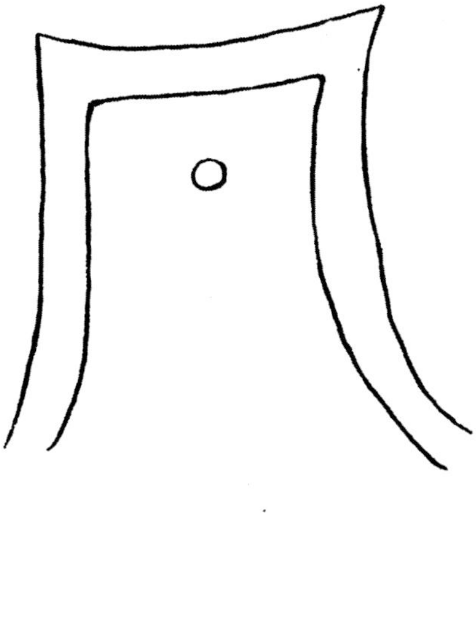

水城怕反弓
逃走主貧窮

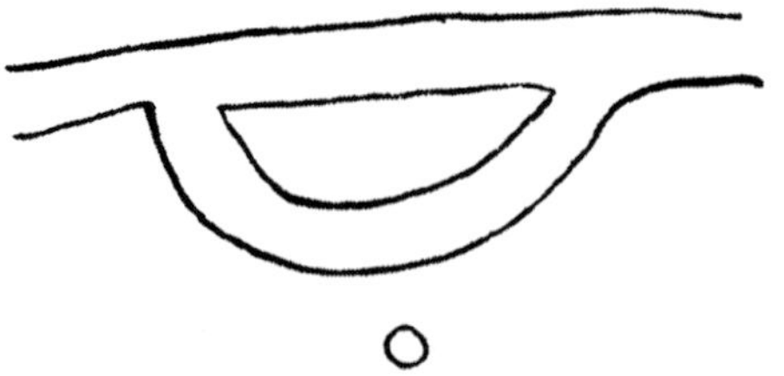

後水来乜似反弓出人忤逆
各西東若然過此反弓水賣
尽田園無定踪

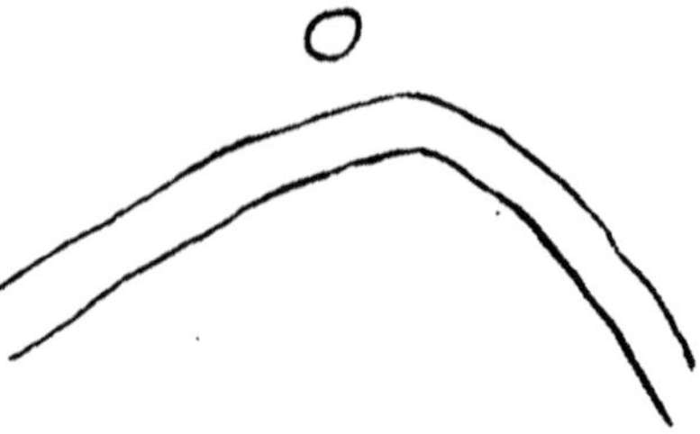

艮水反不堪言子孫依靠
别人邉

丁字水殘疾即又益女子廣
招客

論異形

團〻流水繞坟墓
子孫絕後主分離

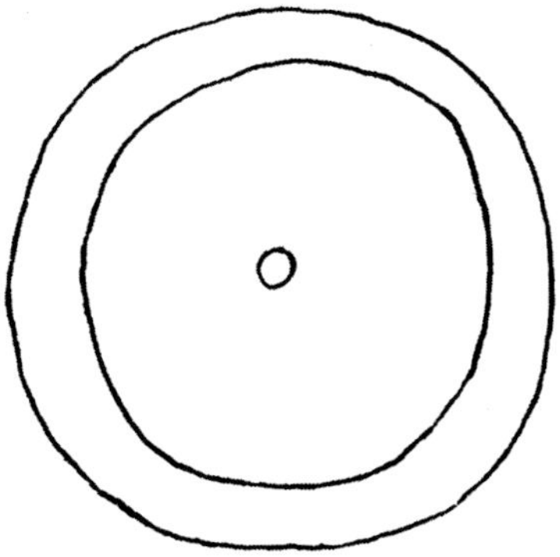

乾鎗向巽配在雲南交趾坤鎗向
艮配在遼東巽鎗向乾配在陝西
艮鎗向坤配在廣西

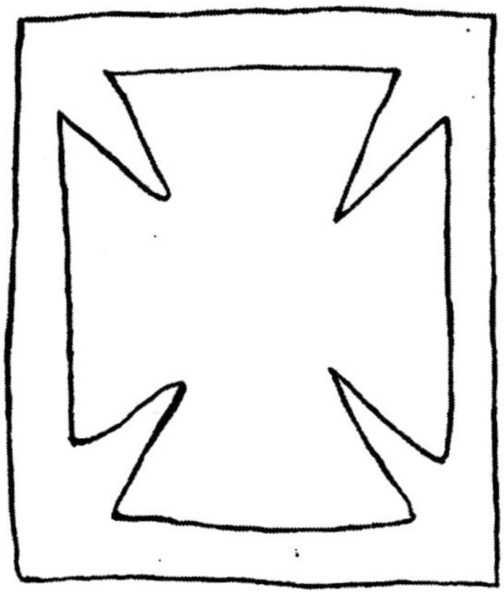

周迴之水繞坟林破敗損金銀
又兼滛乱无家室疾病少精神

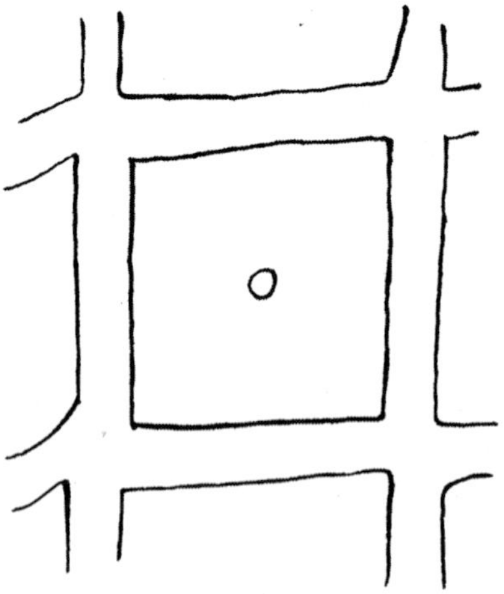

抄佑老体縱然富貴
点主充軍

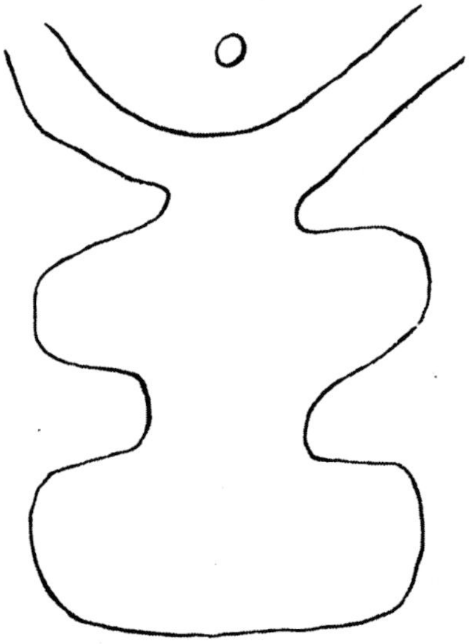

抄佑

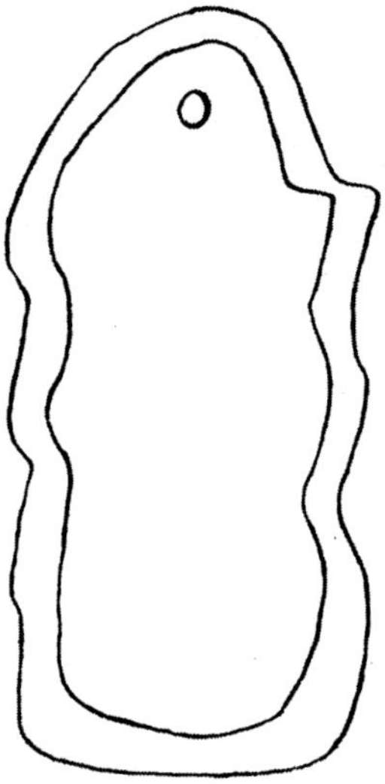

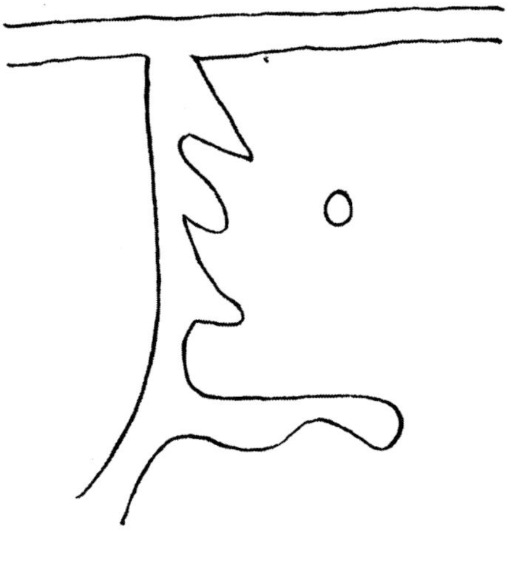

青龍腰上水嵌破家内
常常有災禍

水如捲舌瘂疾磨折
說是搬非衆人擯絕

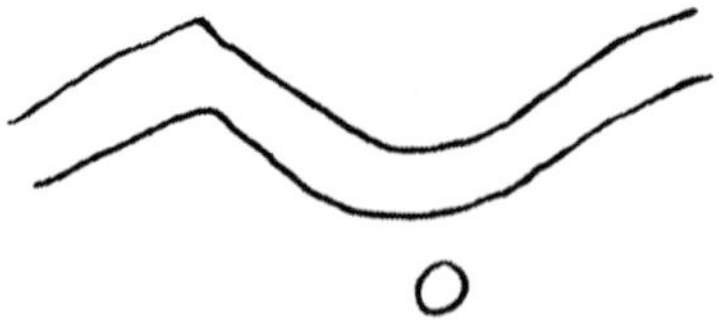

說在別本

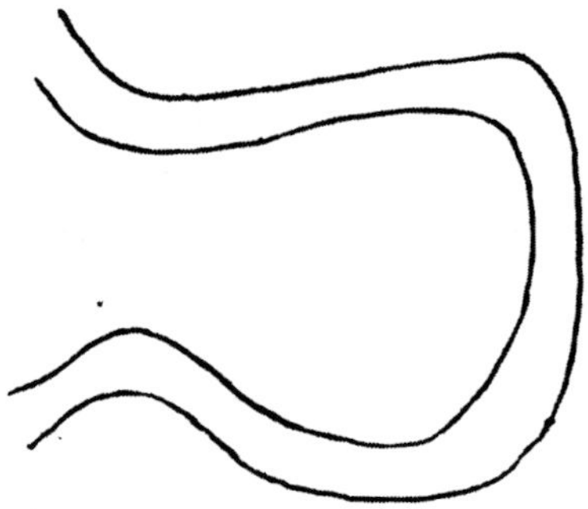

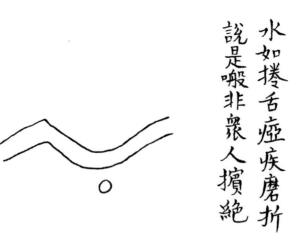

金城吉揖繞如龍富貴不分家

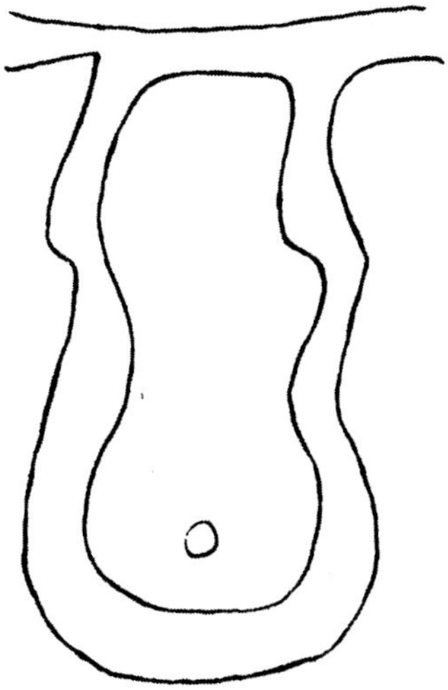

金城凶揖如蛇撗逆子結寃家

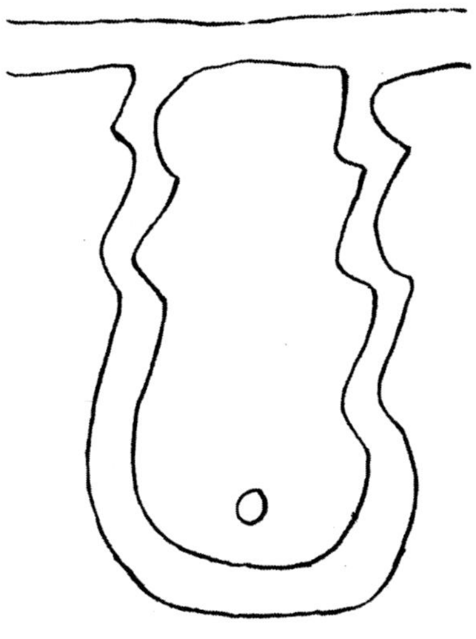

乾坤艮巽為四门一風
吹入一家貧

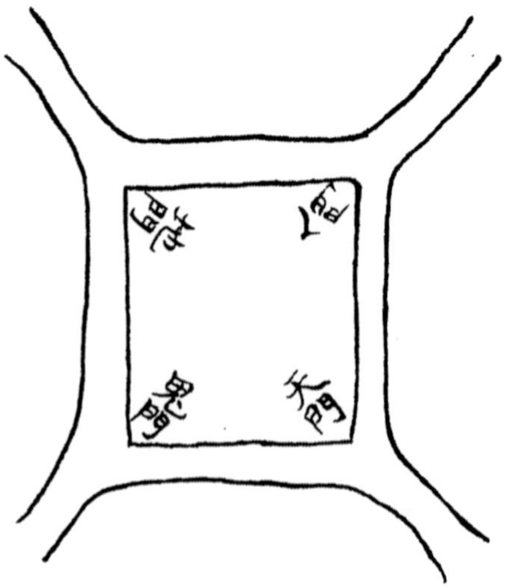

水路主人家業
波查

水中有地葫芦形
毒藥主傷人

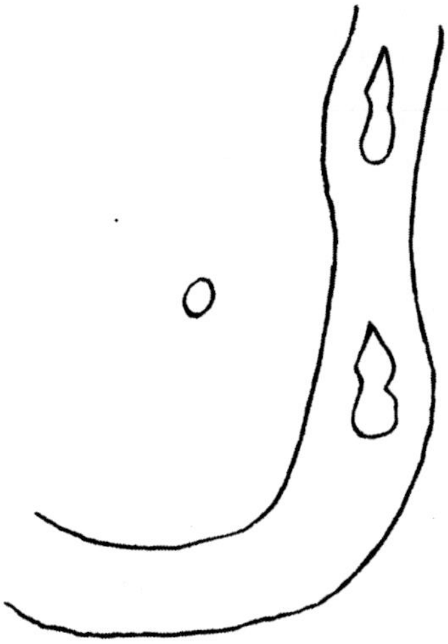

武官旗水交劍
長流

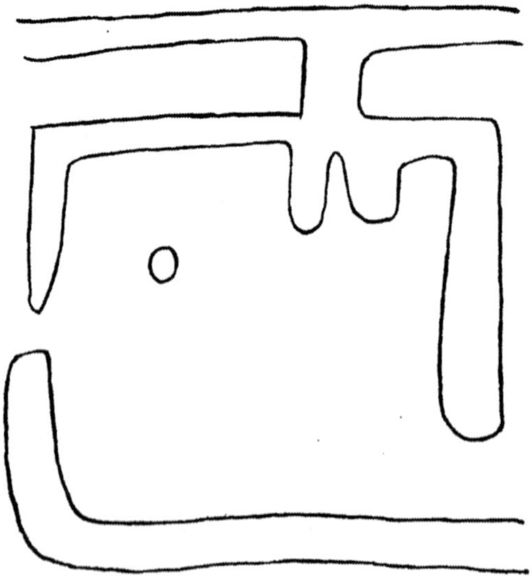

前兜後抱穴居中
兒孫黃甲位三公

屈曲盤旋富貴綿綿

屈曲如弓義門和順
富貴声名奕世隆盛

朱雀破頭
事〻憂愁

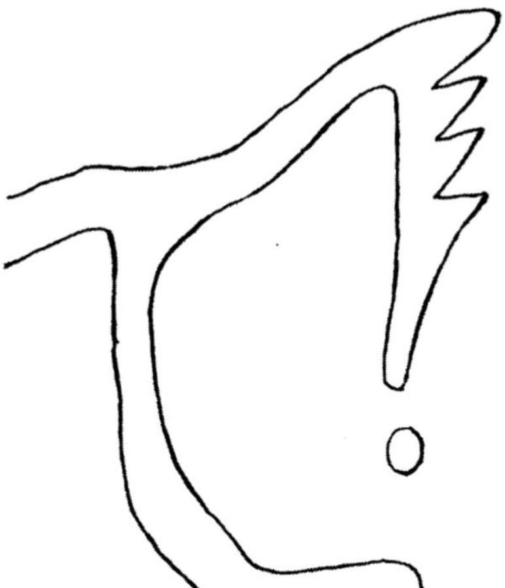

火入金城帶劍名砂水兩相刑
葬後兒孫終不顯边遠去死軍

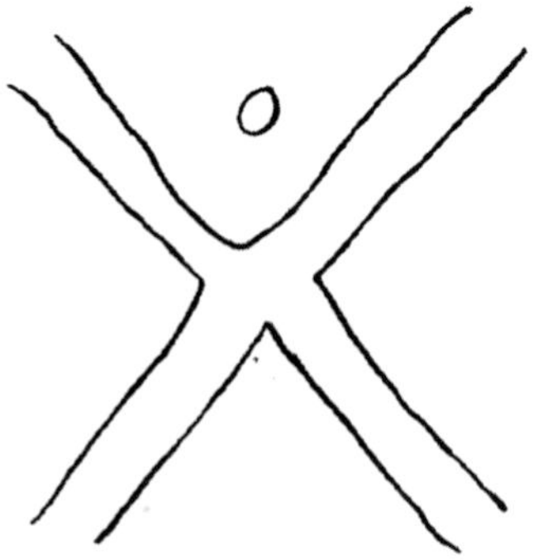

又云先發財後大凶

屍鎗射穴刑獄充軍
逃亡横死絶嗣無人

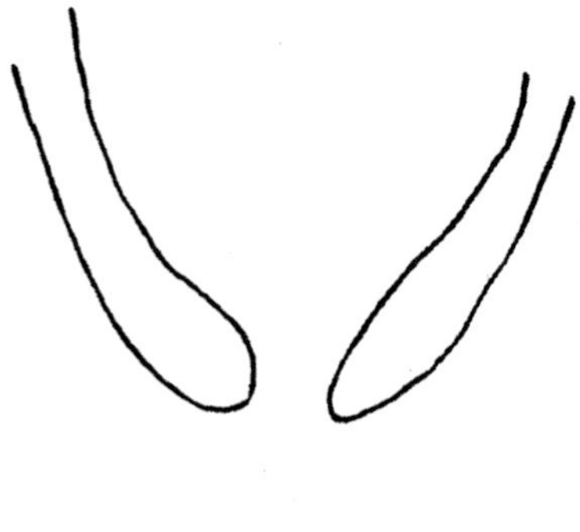

右邊若見了人水此地窮无比

有一边无一边衣食終須不久退

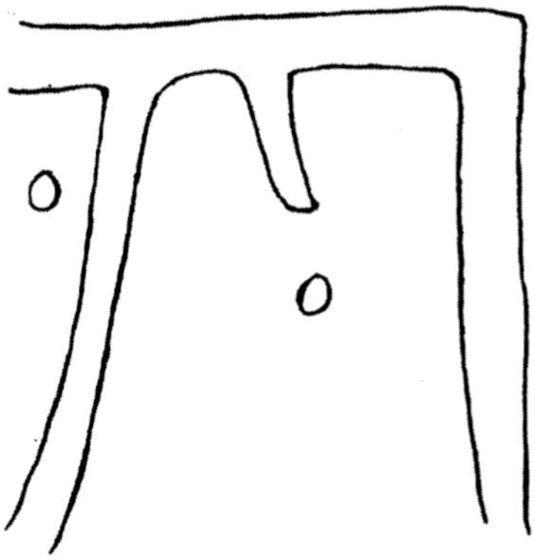

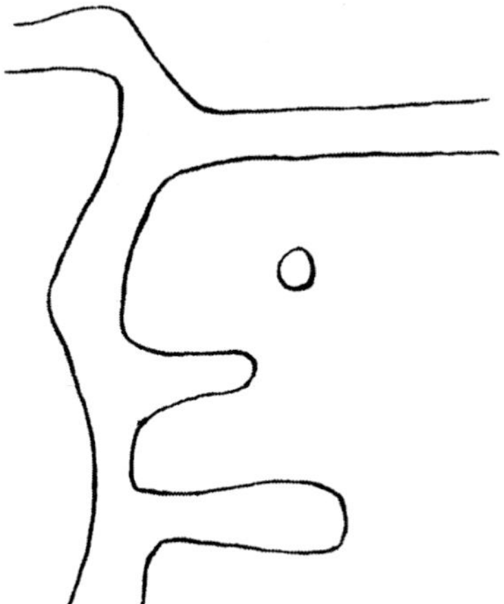

左边若見了人水孤兒寡婦
出其家

斜有水如鷺膝其家終逼反

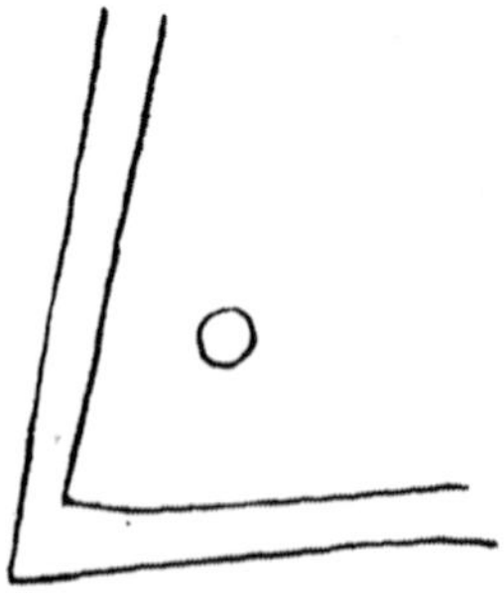

火入金城兩相戰葬後其家終不顯
功名或是出旗鎗後代兒孫必陣亡

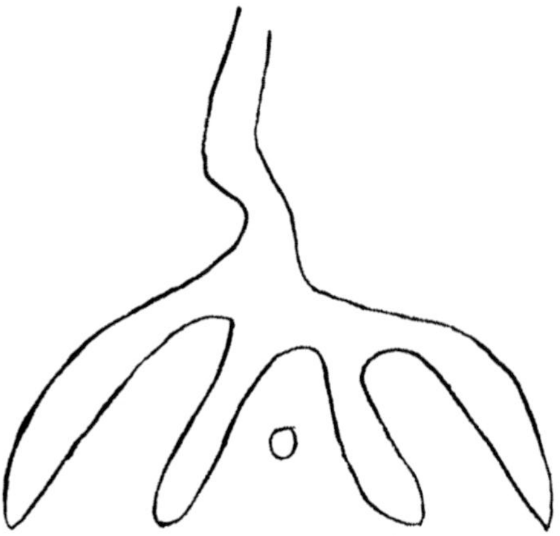

纍頭城裡莫安坆叔脚東西動
火爐疑是真龍求發福到頭終
欠敗兒孫

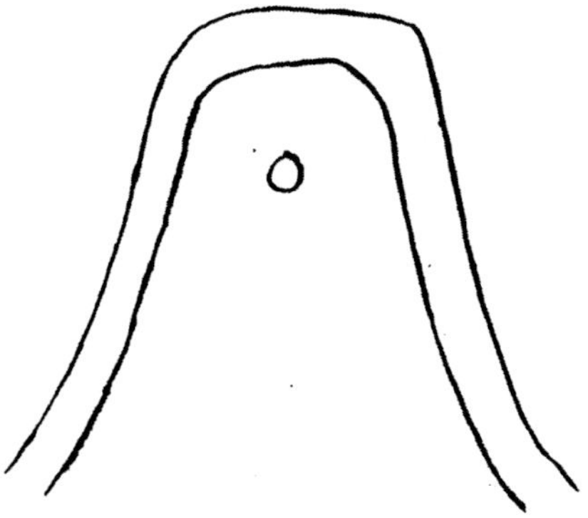

水脚兩分流
其家一旦休

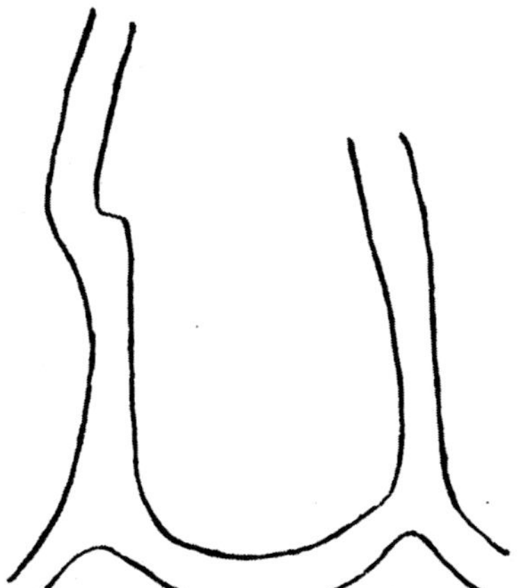

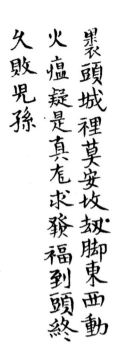

坟前之水分八字
其家定出忤逆子

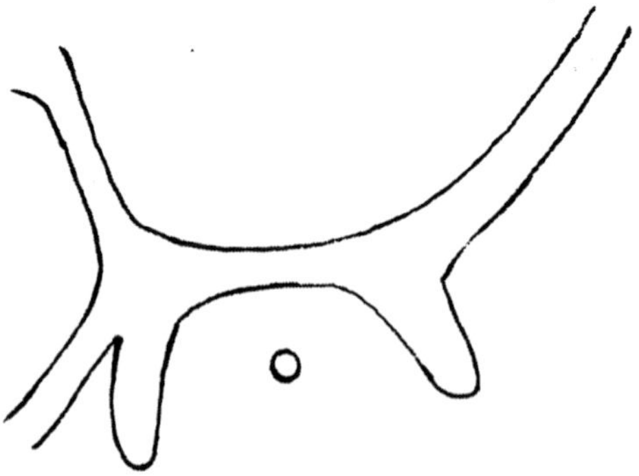

後有水拖鎗少亡淫乱娼
軍賊遭刑戮二代絕人殃

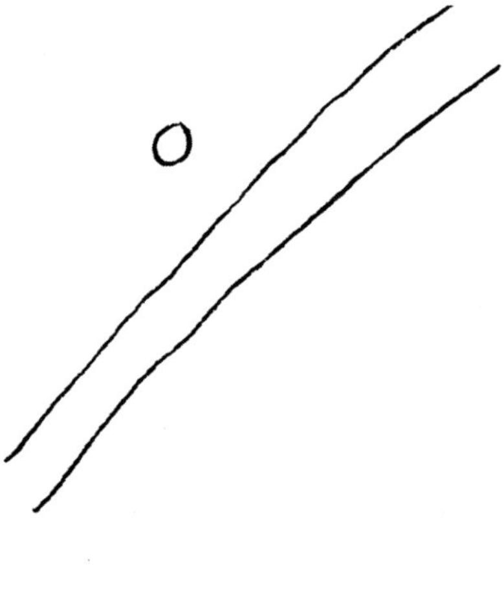

褁頭之水氣無餘向前安塚實非宜繼使暫時能一發為人量窄又无兒

水城怕過割下后鎗刀劍絕嗣又逃亡旹師莫去覓

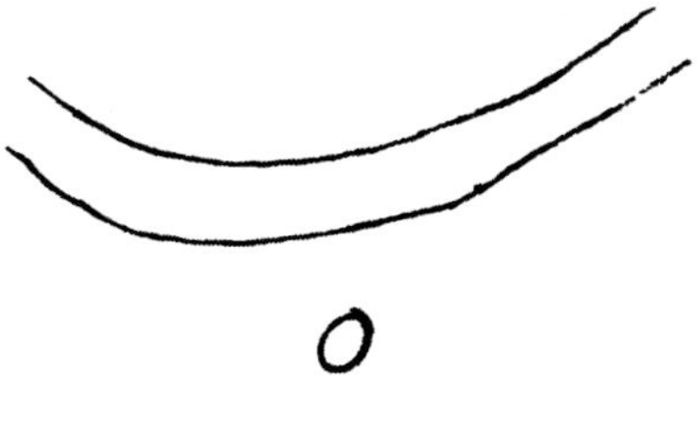

明堂若見三摺水為官必定
到三公正对前朝明印案弟
兄必定世恩荣

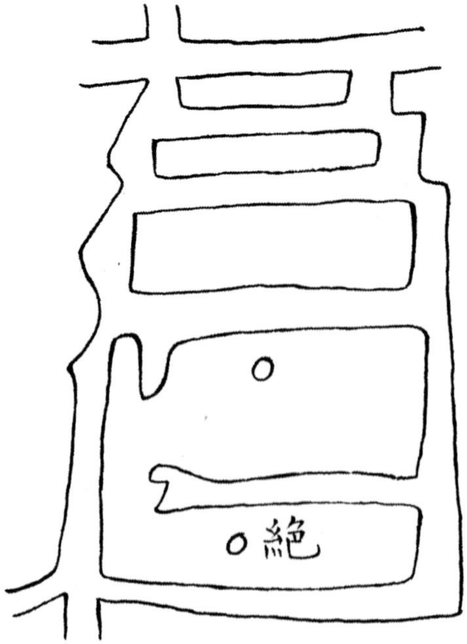

論象形
水城屈曲似飛龍
代〻遇恩荣

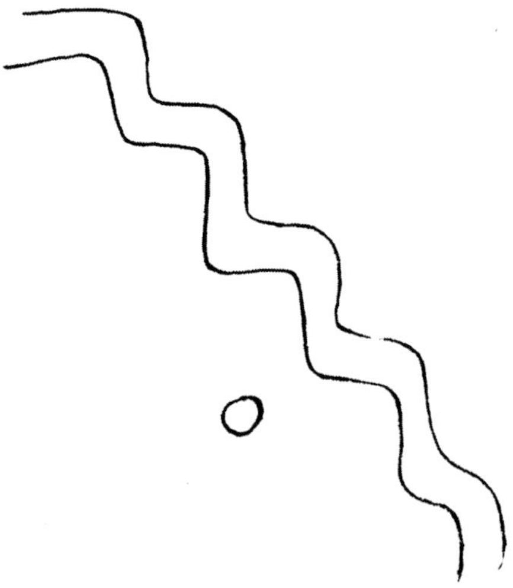

来势曲如乞
富貴永旡穷

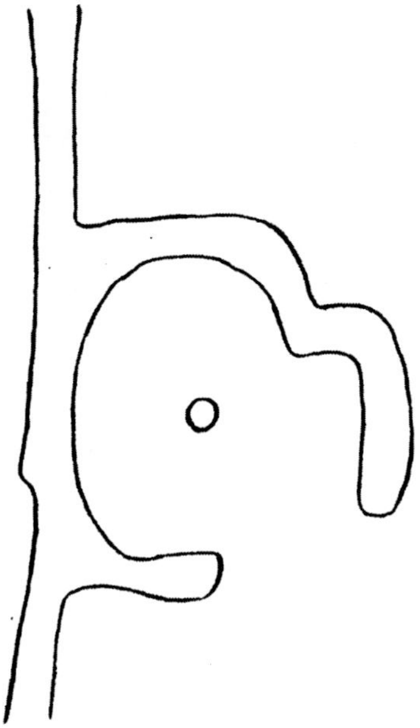

曲水如乞至金鉤玄又玄
有人扦此地及第必争先

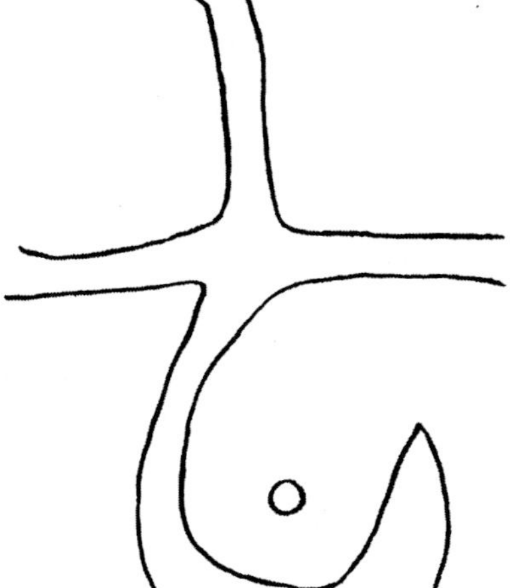

飛龍之水腹中求
兒孫去拜鳳頭池

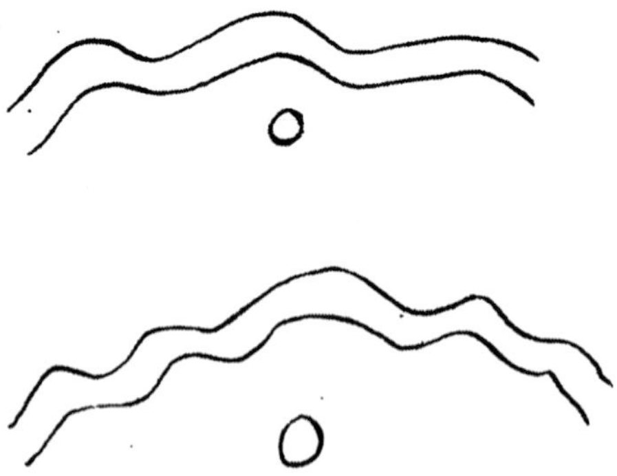

屈曲如龍首尾朝迎
腹中作穴封拜功名

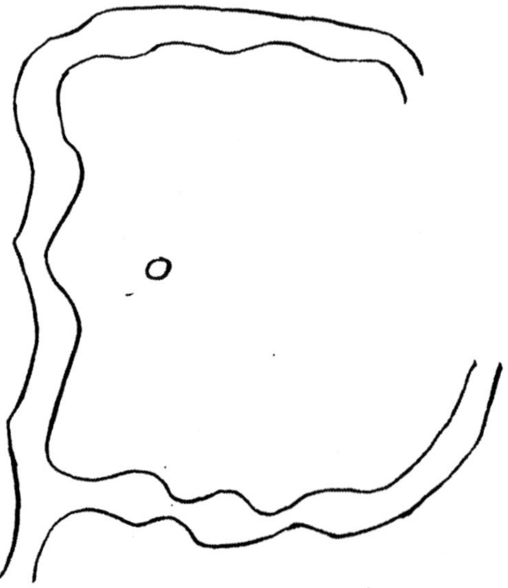

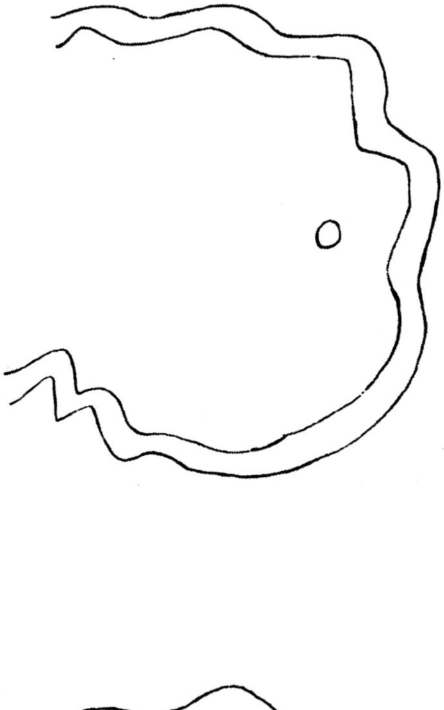

仝前

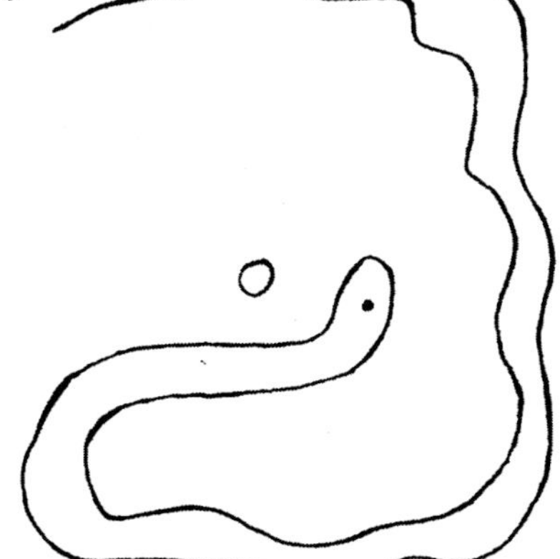

金蛇势难識下湲大官出
又名笑天龙

飛龍之水最难逢〻之
必定出三公

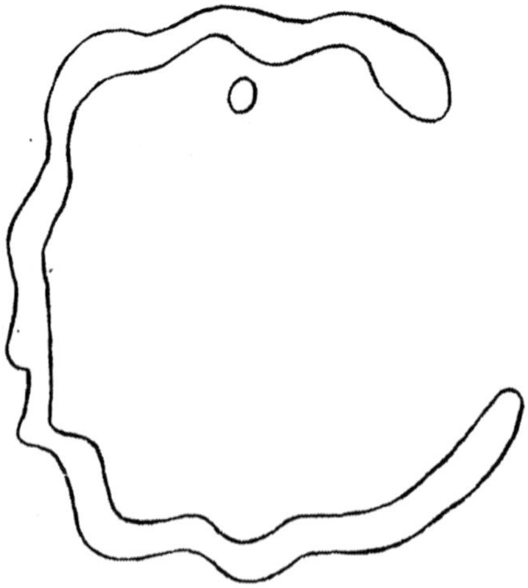

舞鳳之水后妃尊貴
男作三公少年及第

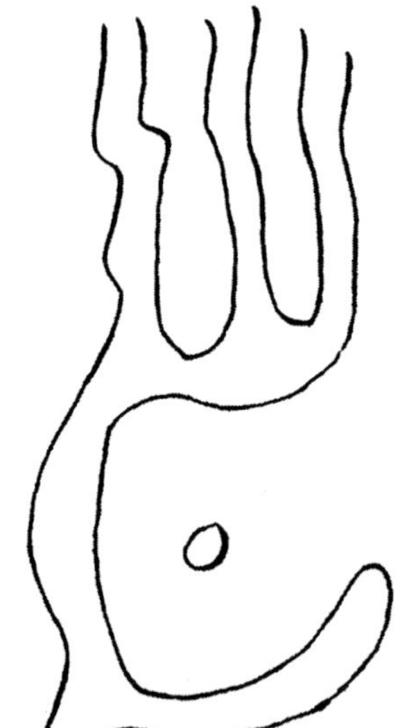

二尨相會号雌雄富
貴出三公

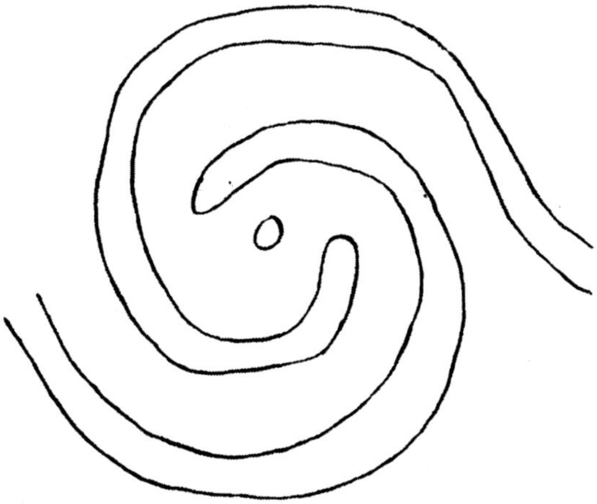

水朝回去又纏身家內出豪英
更有路朝生旺地官顯在朝廷

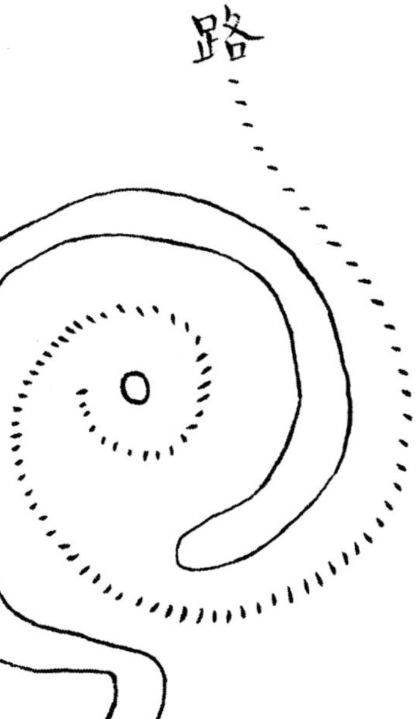

逆龍二水後交臨砂水分明是合襟寬抱灣環
如玉帶綿綿富貴作公卿

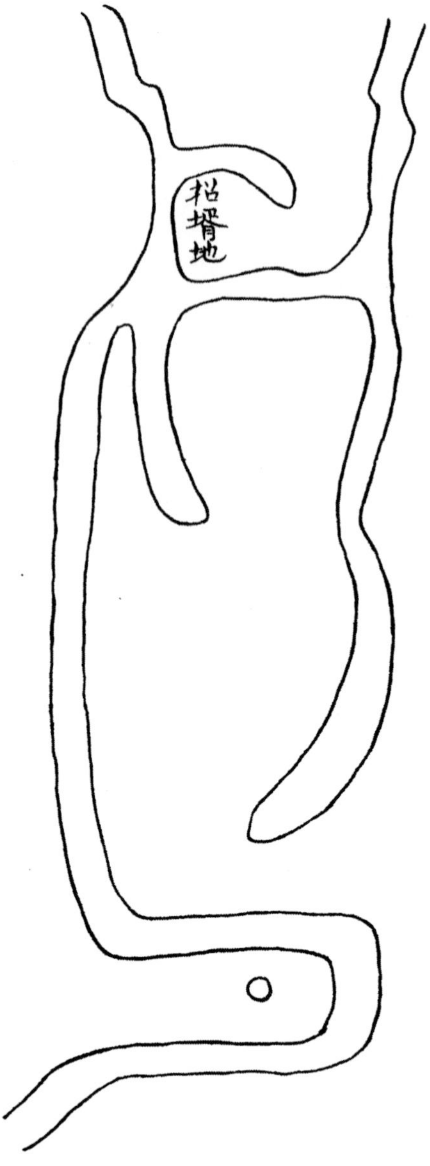

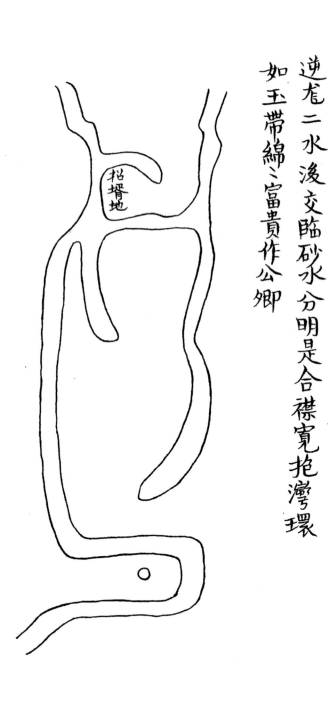

一重路抱一重城金水重〻案面
门若得穴中再色累代〻英豪
達帝京

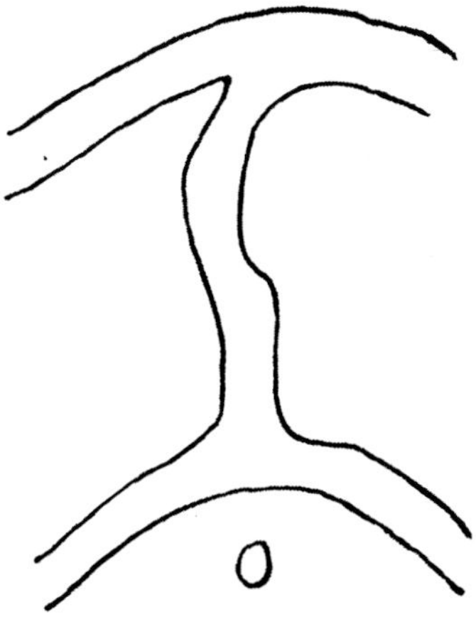

蟠龍之水前後兜庄田千萬富无休
面前更得二龍水兒孫代〻爵公侯

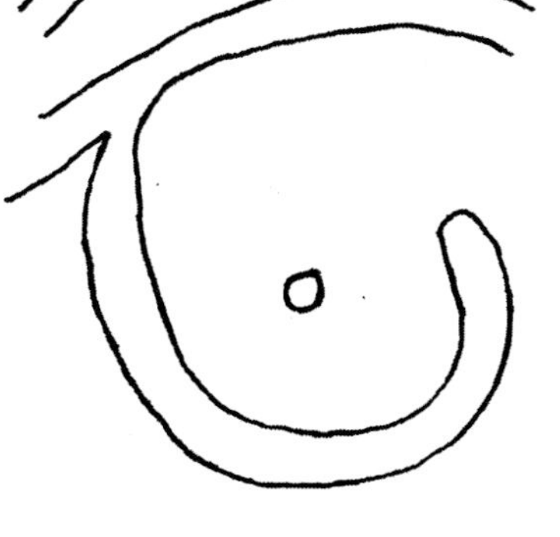

蟠龍之水後頭兜代〻作
公侯

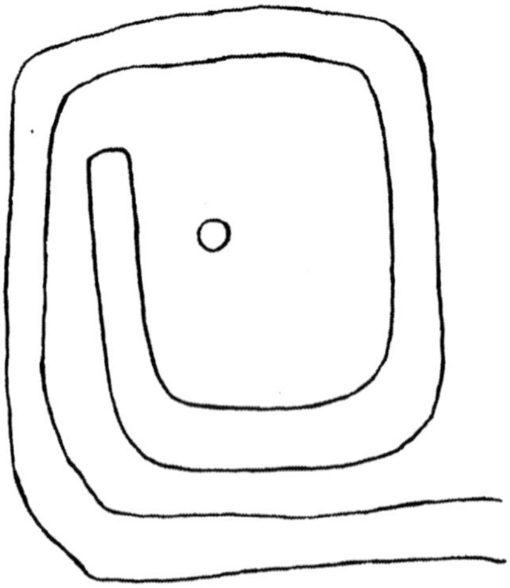

左轉金勾形富貴旺
人丁

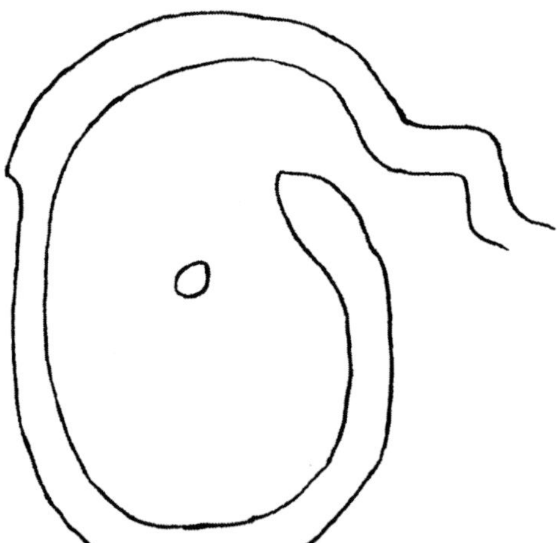

右轉金勾形富貴
有声名

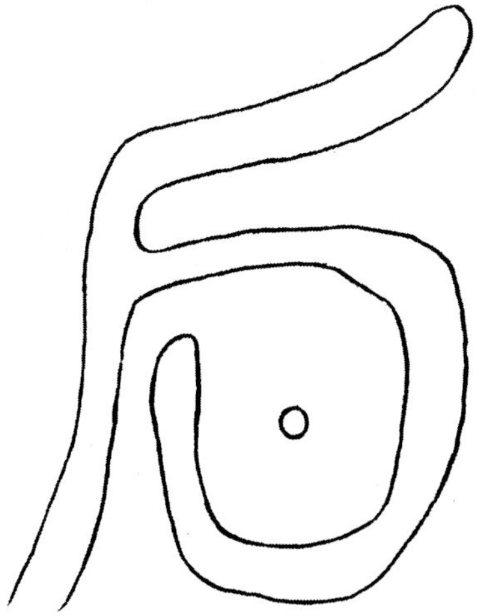

水似玉勾官為知州

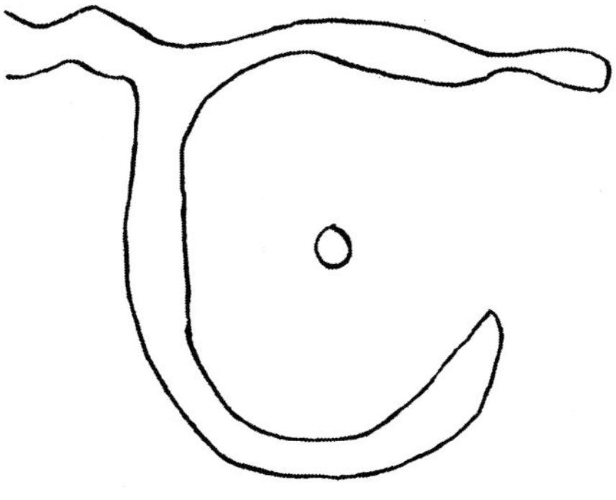

瓜藤之水節節有情若能
扦此富貴声名

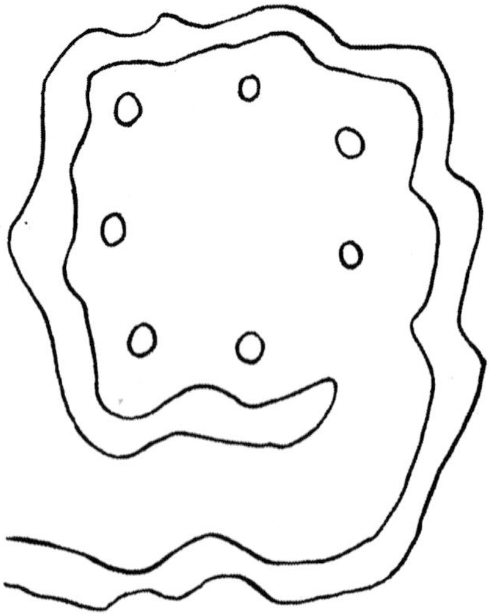

左轉金勾貴而
无敵

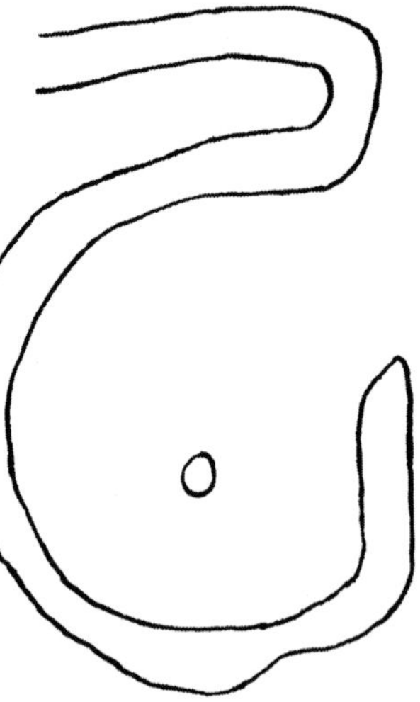

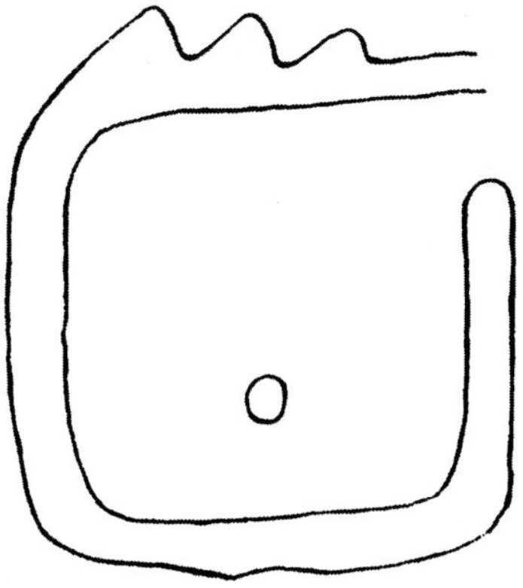

金勾左轉足金銀
案應三台出貴人

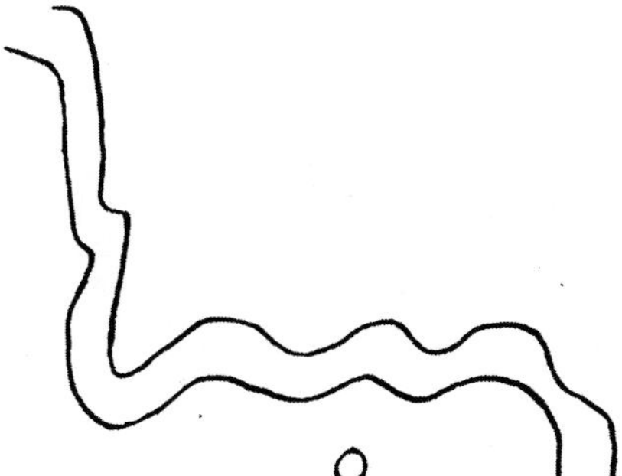

活龍来勢作三台秀水前朝对
面来若見有人扦此地為官代〻
作烏臺

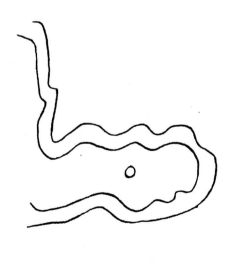

乙字水形身家
出大朝臣

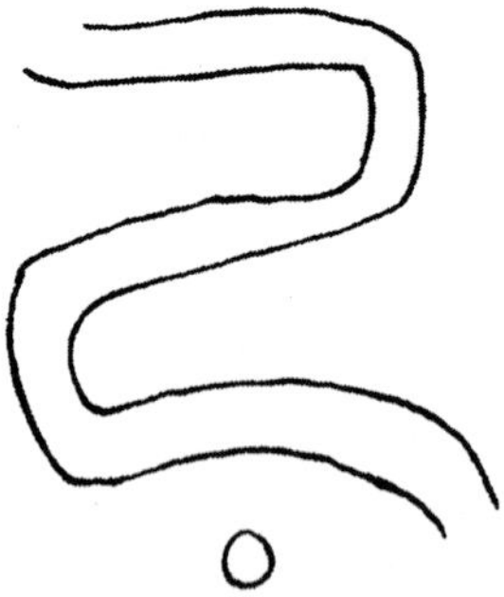

仝上

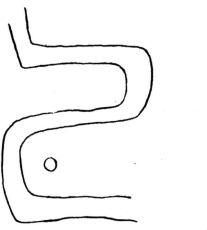

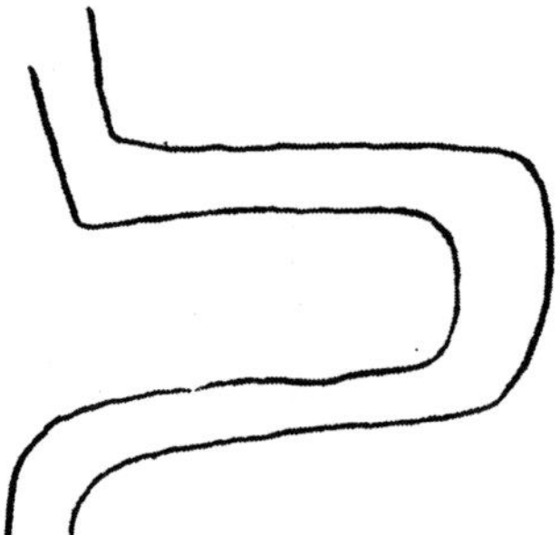

之字合襟之字流知州
知府出先休

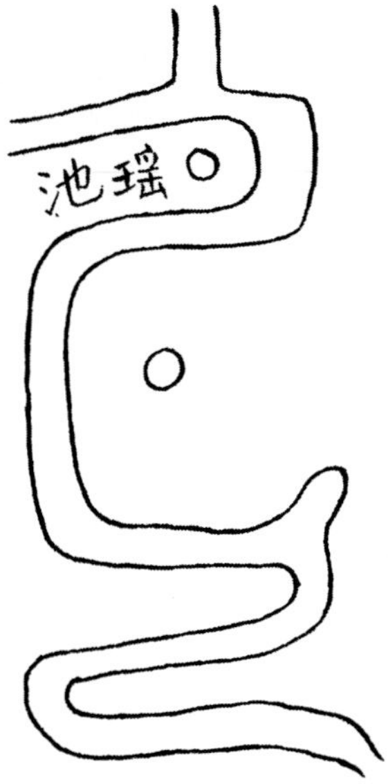

十字水来坟子孫手藝
人雖然温飽有成敗定
出娼優賤且淫

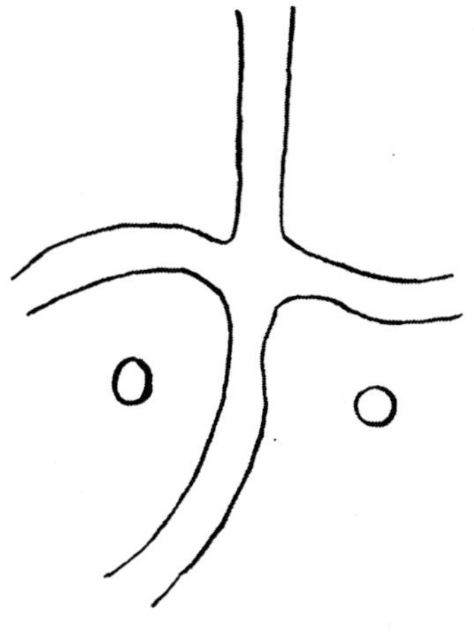

十字水流後與前廿字井字
總一般此為市井人多住君
独一家不可安

此穴分明結作真只恐時人不識荊
君遇明師点真穴富貴双金四海名

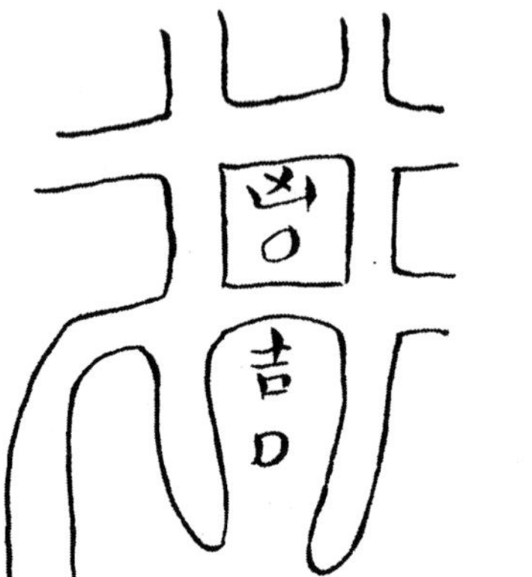

三十年前走道途不曾下得
仰天湖若也有人扦此地兒
孫衣紫達皇都

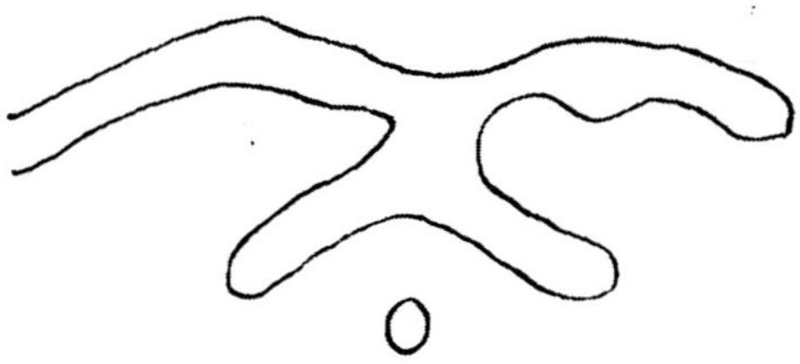

仝上

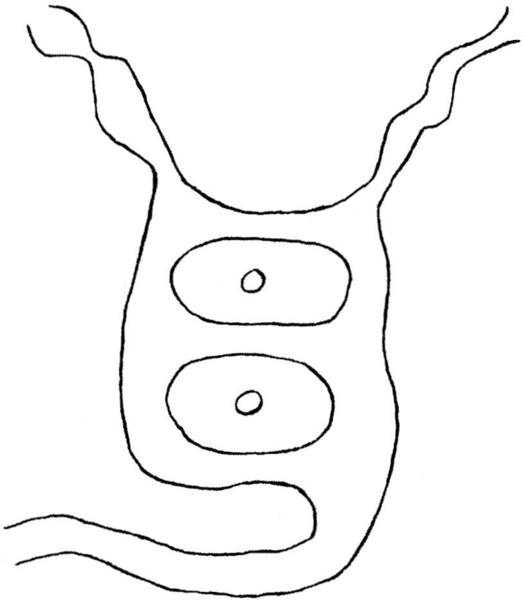

仙人神足形
定出及第人

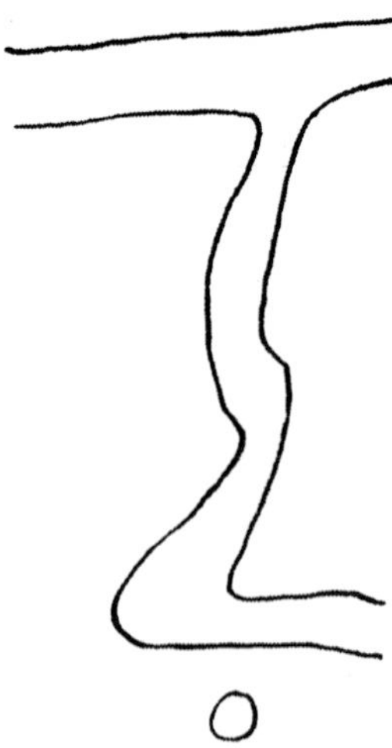

水如曲尺路似尺世代
人人少衣食

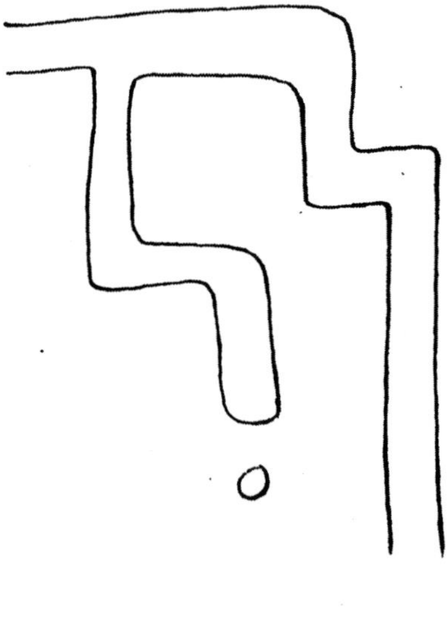

双龙格

左右双龙入穴来

兄弟高名達帝臺

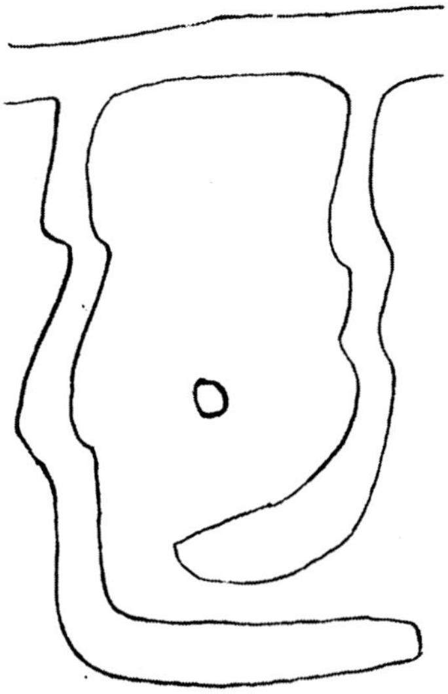

雌雄並出水全流去了又回頭

兄弟一門皆第及代〻位公侯

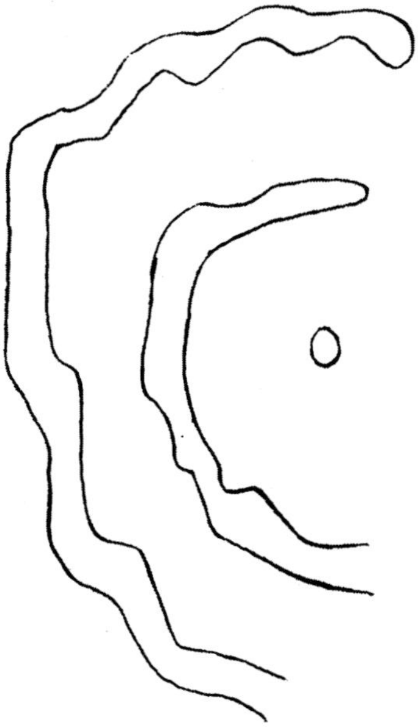

二水会龍頭出貴兒孫
定折月中枝

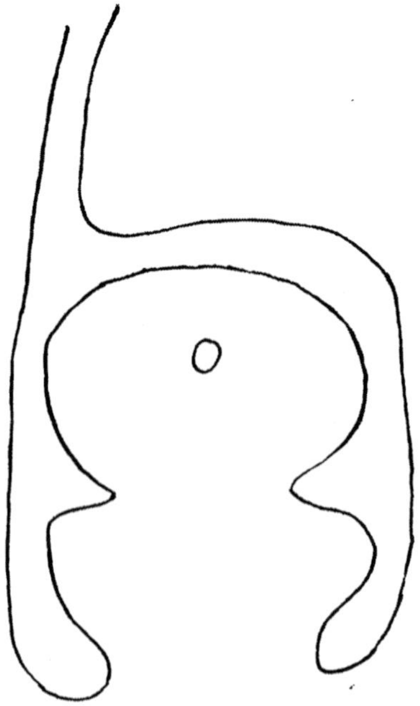

葬龍腹棄龍腸吉宿加臨貴復昌
葬龍尾棄龍足歌舞燈前主巫祝

雌雄相喜天地交通
陰陽得位定出三公

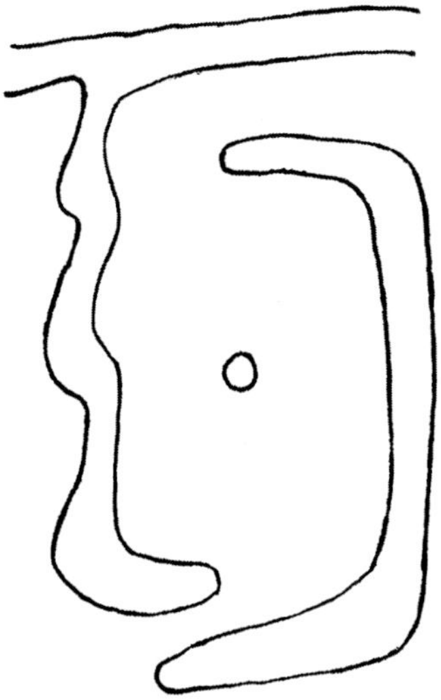

雌雄交度出聚天心
安邦定國四海知名

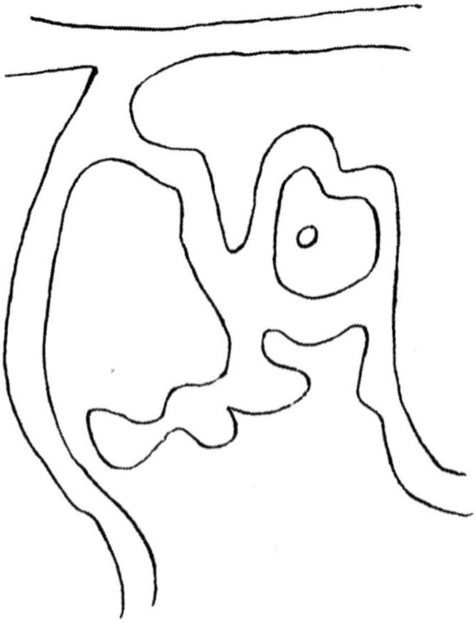

砂水纏流荷葉地　却如架上金盤形
若然点作幞頭穴　富貴兒孫朝内人

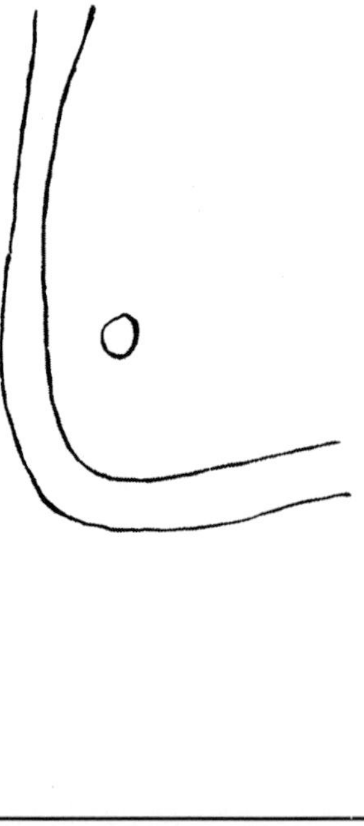

此水名鷺膝子孫
定忤逆射物化為
塵人帶手足疾

幞頭地執笏水子孫
及第作翰史

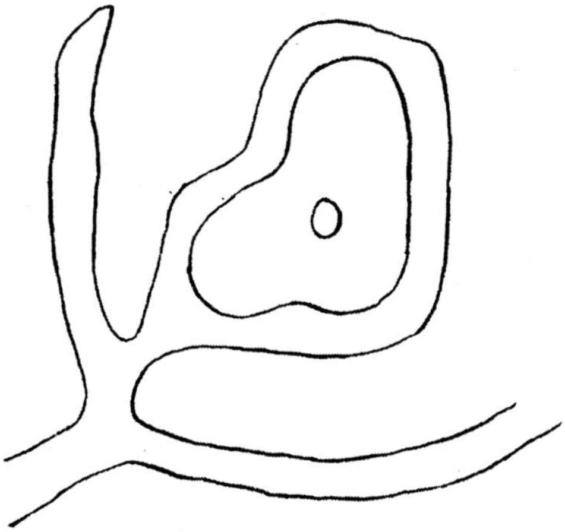

右水似筆頭小子貴無休
左水似笏圭長房中元魁

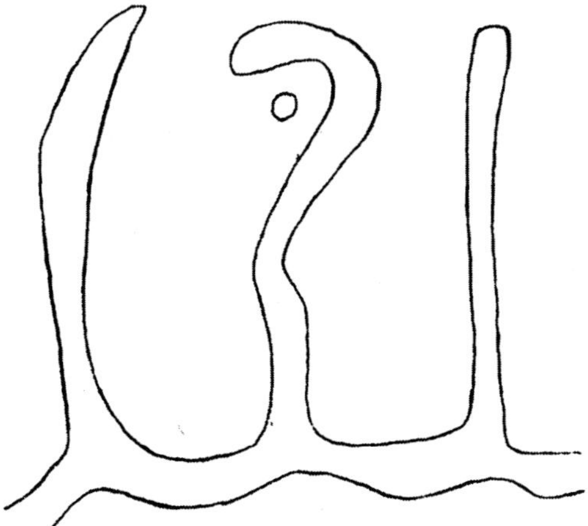

左水如笏其官綿綿

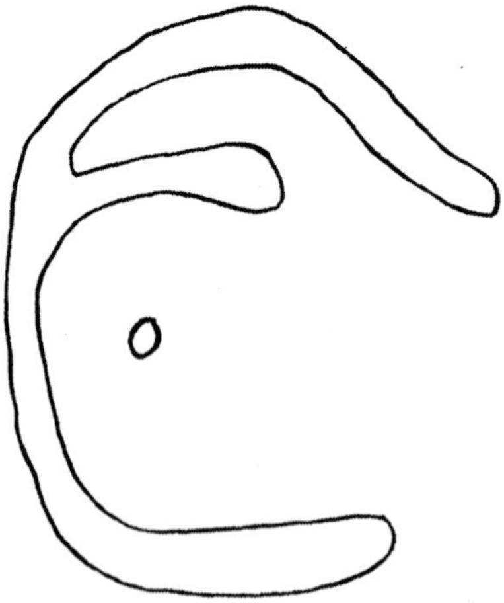

左水似筆頭家主進田牛

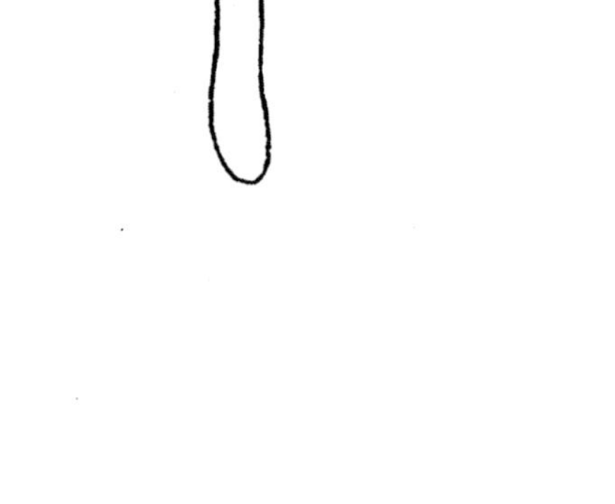

二水合门前家富
出名賢

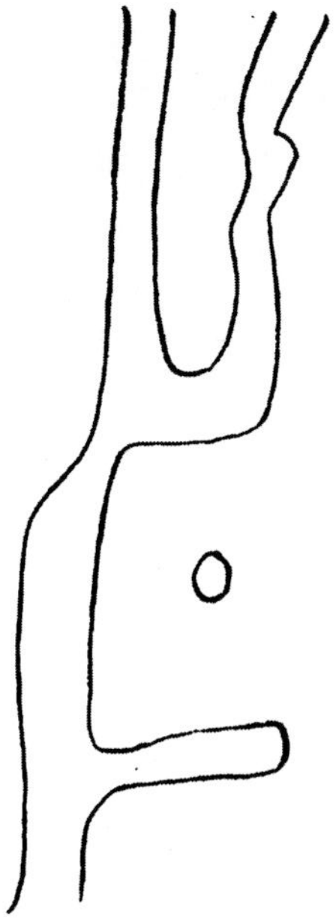

二龍相會應门前
嗣子去朝天

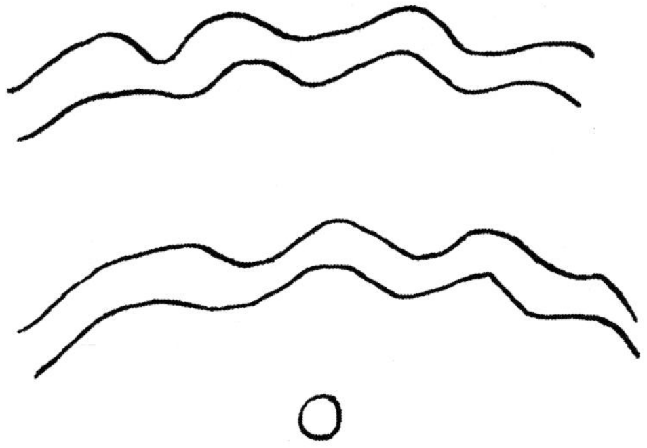

右邊二水抱家内
足金宝

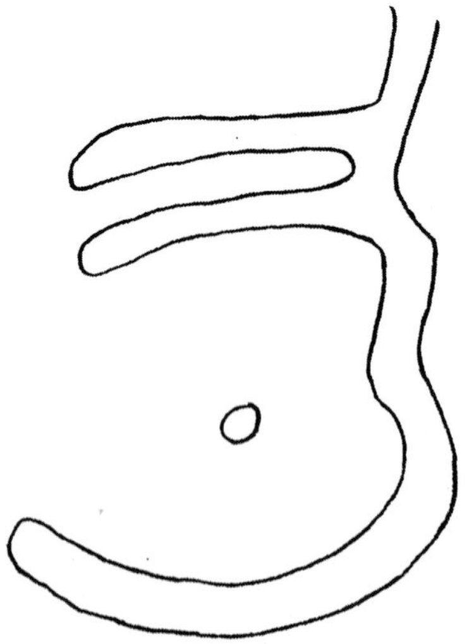

二水後頭兜代〻
入皇州

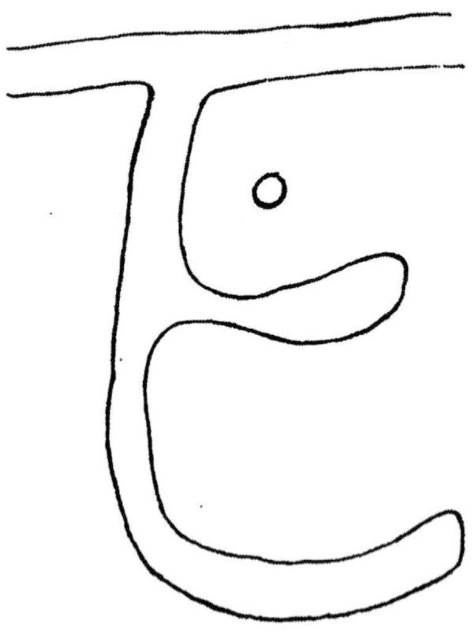

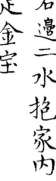

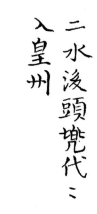

二乇水後坒富貴
永無休

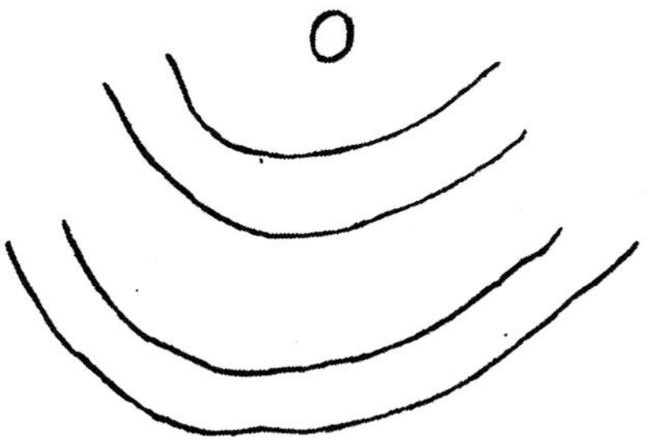

二龍相會後頭坒坟宅扦之永不憂
男女不耕金穀富兒孫早到鳳池頭

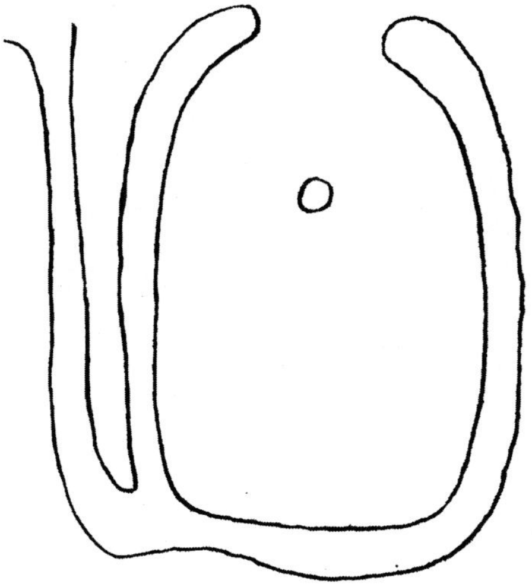

三水團老勢葬出
公卿士

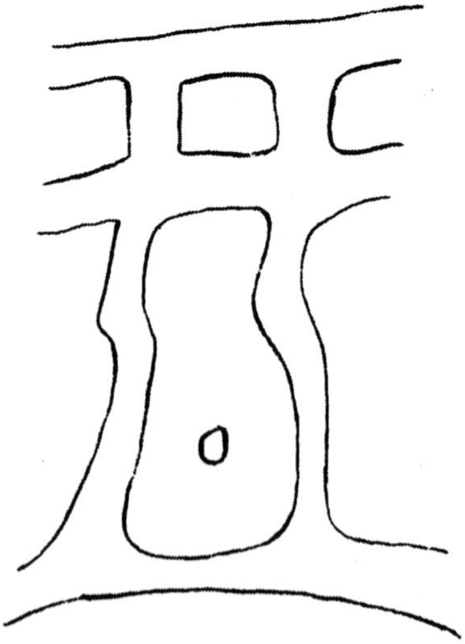

迢迢四水入朝堂直冲直射不相當
若還屈曲水回頭貴上金階粟萬倉

二水右边出不孝
兼多疾

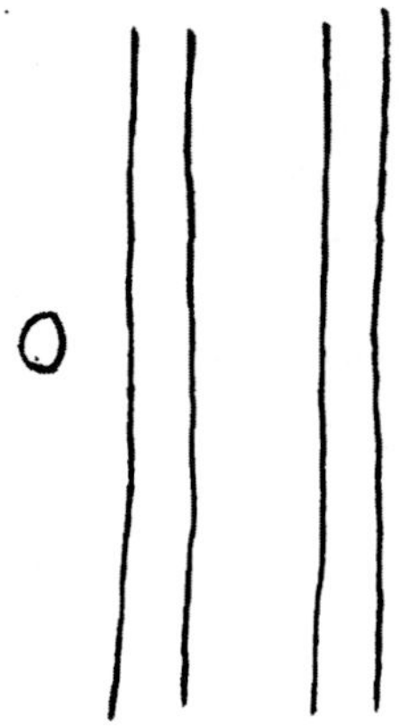

雜論　池沼格

前逢池沼永為富貴之家

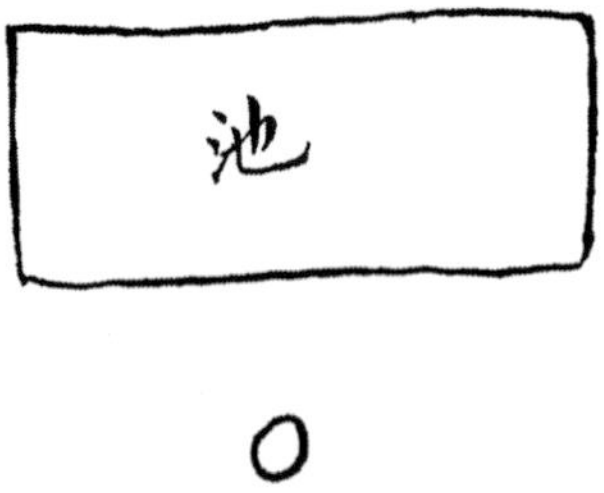

東浜深百尺西住有千粮

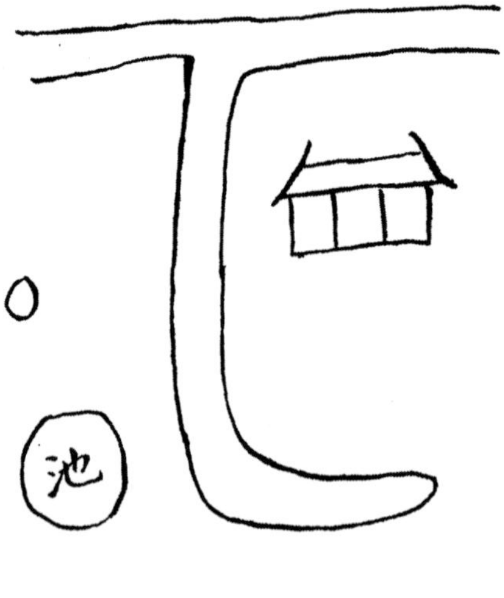

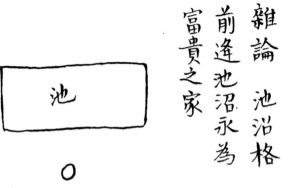

宅後有塘亦是
入財之地

右邊池水應门前抱穴
富庄田

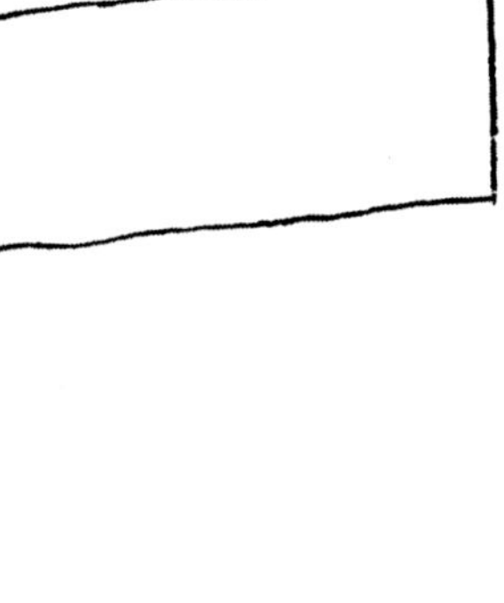

坟後有井患心疼
双目損児孫

坟前水内一蛾眉水來水去過蛾眉
家中女子随人走更全僧道有情私

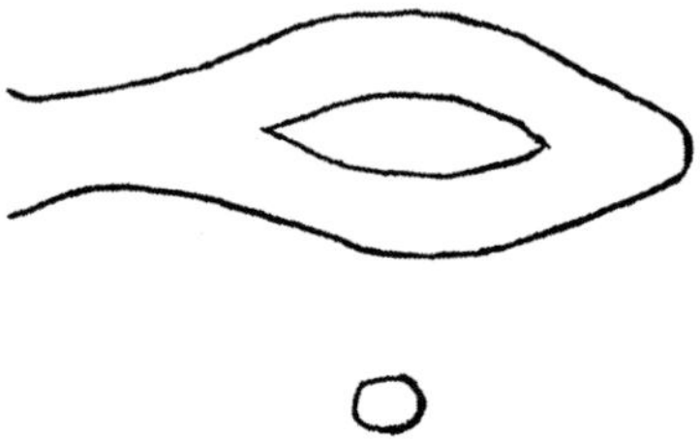

门前橋冲少死横亡
疾病鰥寡人口過房

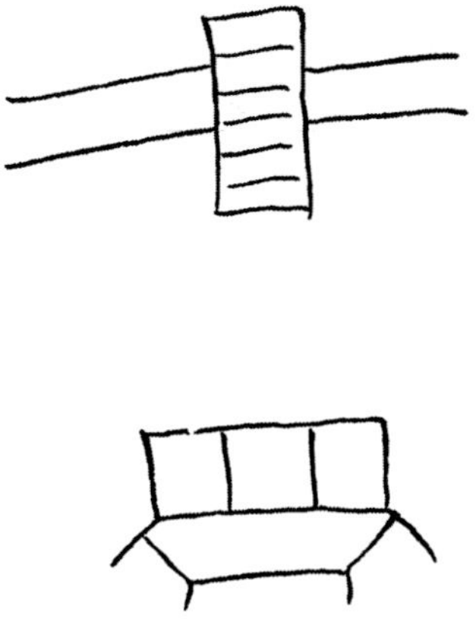

此係住衰敗之氣故耳若
當旺運反能發福

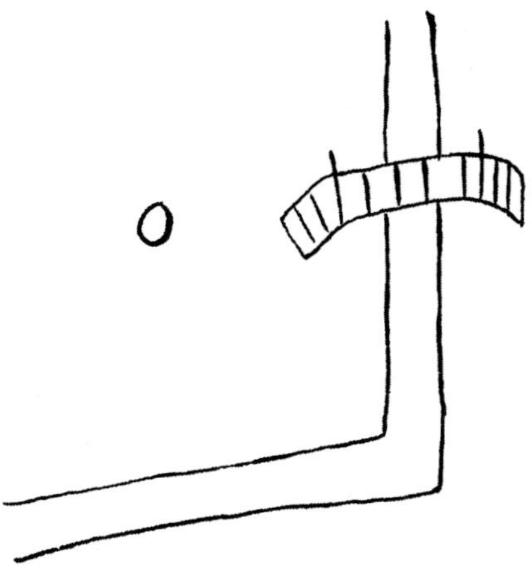

右有橋冲滛敗絕宗

前有橫洧多生
足疾难瘳

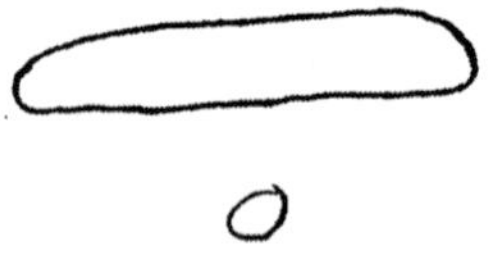

朱雀一坵地此穴樂安然
更有後河兜富貴且清閑

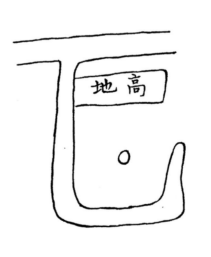

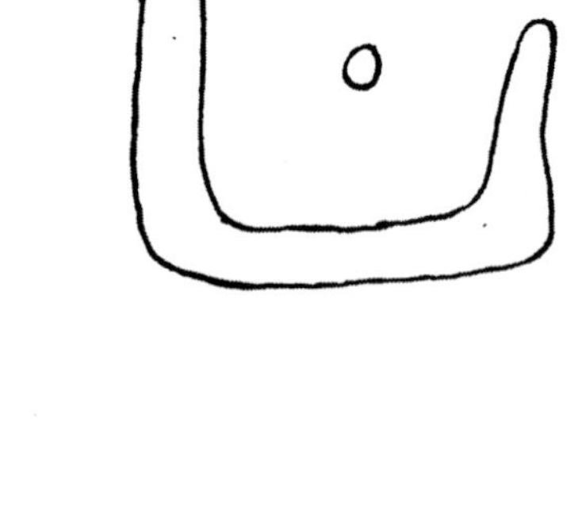

前山如木杓
媳婦抱公脚

鵝公頸鴨公頭女兒
媳婦上秦樓

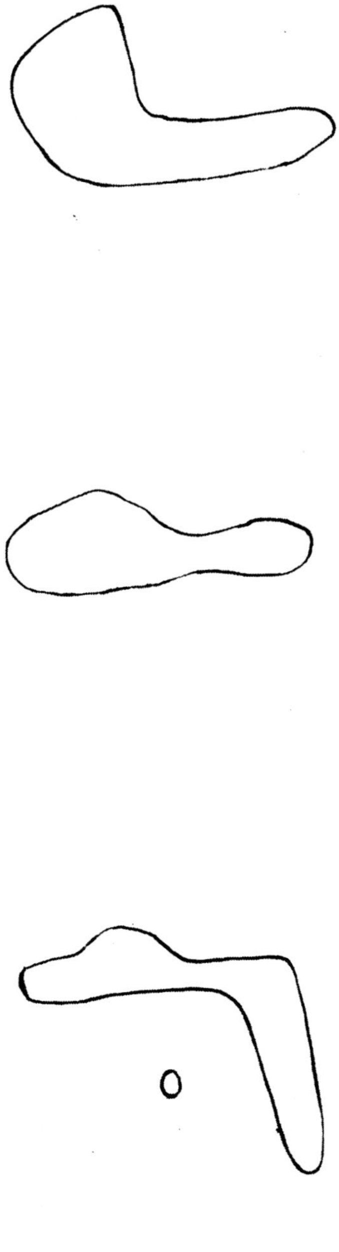

水龍經卷之二終